创新型人才培养系列教材

电子商务类专业

U0589561

网店美工

第5版　全彩慕课版

Photoshop CS6 + AIGC

段建 张瀛 张磊 主编

李敏 钟志锋 卢立红 副主编

FINANCE AND TRADE

人民邮电出版社

北京

图书在版编目（CIP）数据

网店美工：全彩慕课版. Photoshop CS6+AIGC / 段建，张瀛，张磊主编. -- 5 版. -- 北京：人民邮电出版社，2025. --（电子商务类专业创新型人才培养系列教材）. -- ISBN 978-7-115-66894-3

Ⅰ. F713.361.2；TP391.413

中国国家版本馆 CIP 数据核字第 2025YY5442 号

内 容 提 要

网店美工设计是提高网店客流量与转化率的重要着力点，对于增强商品的吸引力、营造购物氛围、提升品牌形象至关重要。精美的视觉呈现能够激发消费者的购买欲望，优化其购物体验，从而使网店商品在竞争激烈的电商环境中脱颖而出，促进销量增长。

本书结合 AI 技术在网店美工设计领域的应用，通过大量案例系统地讲解了网店美工设计的相关知识与技能。书中内容共分为 11 个项目，具体包括网店装修美工设计快速入门、网店装修四大要点、网店装修六大技能、店标与店招设计、全屏轮播区和商品陈列区设计、服饰网店首页设计、食品网店首页设计、商品详情页设计、商品短视频制作、移动端网店装修美工设计，以及新媒体视觉设计等。

本书内容新颖，图文并茂，不仅可以作为高等职业院校相关专业及培训机构的教材，还适合网店卖家、美工设计人员等电子商务从业者学习和参考。

◆ 主　编　段　建　张　瀛　张　磊
　　副主编　李　敏　钟志锋　卢立红
　　责任编辑　侯潇雨
　　责任印制　王　郁　彭志环

◆ 人民邮电出版社出版发行　　北京市丰台区成寿寺路 11 号
　　邮编　100164　电子邮件　315@ptpress.com.cn
　　网址　https://www.ptpress.com.cn
　　北京宝隆世纪印刷有限公司印刷

◆ 开本：700×1000　1/16
　　印张：14.25　　　　　　　　　2025 年 5 月第 5 版
　　字数：311 千字　　　　　　　2025 年 5 月北京第 1 次印刷

定价：59.80 元

读者服务热线：(010)81055256　印装质量热线：(010)81055316
反盗版热线：(010)81055315

前言
Foreword

党的二十大报告指出："加快发展数字经济，促进数字经济和实体经济深度融合，打造具有国际竞争力的数字产业集群。"电子商务作为数字经济的重要组成部分，对于推动数字经济发展具有十分重要的意义。在电子商务蓬勃发展的今天，互联网已经成为商业活动的重要舞台，网店作为电子商务的核心载体，其视觉呈现与消费者体验直接关系到商品的销售转化和品牌形象的建设。

一个出色的网店不仅要能吸引消费者的注意，提升其购物体验，还要提升自身品牌形象，促进销售转化，而这一切都离不开网店美工设计人员的推动。网店美工设计人员不只是简单地美化图片、设计页面，更是品牌故事的讲述者、消费者情感的触动者，以及商品价值的提升者。优秀的网店美工设计能够迅速吸引目标消费者的注意，激发其购买欲望，并在众多竞争对手中脱颖而出，形成独特的品牌辨识度。因此，掌握网店美工设计的核心技能，对于提升网店竞争力、促进销售业绩具有不可估量的价值。

本书自出版以来，不仅受到了广大读者的高度认可与赞誉，而且被教育部评为"十三五"职业教育国家规划教材、"十四五"职业教育国家规划教材。近年来，电子商务行业的发展日新月异，为了紧跟行业发展，更好地满足在当前市场环境下读者对网店美工相关知识与技能的需求，编者结合行业发展趋势和专家意见，在保留上一版教材特色的基础上，对其进行了全新改版。

本次改版主要修订的内容如下。

● 根据电子商务行业新的发展变化，对上一版中较为过时的内容和案例进行了全面更新，所讲知识更新颖、更丰富，更能体现当前电子商务行业的发展状况。

● 将课程体例调整为以实践为导向的项目任务式，更符合当前课堂教学的需求，同时添加了"项目实训""技能拓展"等板块，旨在有效提升学生的实战技能。

● 新增了"新媒体视觉设计"项目，详细介绍了直播预告海报、小红书配图及H5 等新媒体视觉表现形式的设计理念及实际应用案例，更加符合当前读者的学习需求。

● 紧跟技术发展，新增了与 AI 技术应用相关的内容，重点介绍了 AIGC 工具在网店美工设计中的具体应用，包括文案撰写、智能修图、文生图、图生图、图生视频等，科技感十足，这成为本书的一大亮点。

与上一版相比，本版教材的内容更加新颖，与时俱进；更注重理论与实践的结合，突出了时代性、实践性和科学性；更有利于教师的课堂教学和学生对课堂知识的吸收。

此外，本书还提供了丰富的立体化教学资源，包括视频、PPT、电子教案、教学大纲、课程标准等，用书教师可以登录人邮教育社区（www.ryjiaoyu.com）下载获取其他配套资源。

由于编者水平有限，书中难免存在不足和疏漏之处，恳请广大读者批评指正。

编　者
2025 年 1 月

目录

Contents

项目一
网店装修美工设计快速入门

知识目标

- 理解网店装修的重要性。
- 明白网店装修与转化率的关系。
- 掌握分析网店装修常见问题的方法。

能力目标

- 能够用有效的方法确定网店装修的风格。
- 能够分析网店装修中的问题。

素养目标

- 重视细节，用细节处理体现对卓越的追求。
- 提升审美能力，紧跟时代审美趋势。

对于同样的商品，有的网店卖家就能把商品卖出去，生意做得风生水起，有的卖家发布的商品则无人问津。买家为什么会对相同的商品有截然不同的态度呢？除了推广方式和营销手段外，网店装修的作用也不可小觑。商品再好，吸引不来买家也毫无用处。因此，对于卖家来说，网店装修是决定网店成败的重要因素之一。

任务一　初识网店装修

如何让自己的网店在浩如烟海的网店中脱颖而出呢？网店的装修至关重要。如今，买家的眼光越来越高，对网店的视觉要求也越来越高。买家进店不仅需要享受优质的服务，还需要浏览到赏心悦目的购物环境，因此网店装修成为网店营销中不可或缺的重要部分。

某网店首页装修效果和具体分析如图 1–1 所示。该网店整个首页的色彩和修饰元素和谐统一，并且通过合理的布局将画面分为多个不同的功能区域，页面每一处都经过了精心的设计和美化，将商品的特点和网店的风格充分展示在买家的面前。

通过独特的字体设计来表现网店的 Logo，给人一种可爱、俏皮之感，搭配白色的背景，呈现出清新、大气的效果，从而提升了网店的档次，赢得了买家的信任

将色彩鲜明的图片作为首焦轮播区的背景，并使用一些有趣的图形元素进行修饰，渲染出一种青春的氛围。图片中间的文字凸显了网店的活动主题，可以吸引买家的关注。同时搭配了俏皮、可爱的模特图片，有利于网店形象的提升

商品分类区采用不同颜色作为背景，方便了买家根据需求进行挑选

将红色和白色进行搭配，形成了鲜明的对比，并且将商品文字颜色设计为黑色，文字既鲜明、突出又不失稳重

添加品牌介绍板块，为买家展示企业发展历程和线下商务合作案例，更容易赢得买家的信任，激发买家的购买欲望

图 1–1　某网店首页装修效果和具体分析

↘ 一、什么是网店装修

用户通过电商平台注册会员并开通了卖家服务后，就可以在电商平台上将商品上架，通过商品图片、活动海报等内容让买家了解网店的商品信息。

网店装修是指卖家通过图形图像处理软件对商品图片进行修饰，利用美学设计理念对文字、图片等素材进行组合，给人以舒适、直观的视觉感受，让买家从设计好的网店中了解到更多的商品信息和网店信息。买家进入一个网店，一般首先看到的就是网店的装修，没有专业、恰当的装修，网店中的商品质量再好，也不一定能销售出去。

图1-2是直接拍摄的商品图片。如果没有进行后期的美化和修饰，直接将这样的图片放到网店页面中，商品可能很难销售出去。网店美工设计人员可以用专业的图形图像处理软件对图片进行抠图，同时调整商品图片的层次和色彩，使其与人们观看到的真实效果一致，如图1-3所示。

图1-2　直接拍摄的商品图片　　　　图1-3　经过处理的商品图片

最后，将编辑、处理好的商品图片添加到网店页面中，如图1-4所示，使其达到对买家具有视觉吸引力的展示效果。从处理商品图片开始，将各种修饰素材有机组合，制作成网店装饰页面的过程就是网店装修。

图1-4　添加商品图片到网店页面中

网店装修与网店的货源一样重要，绝对不能忽视。正所谓"三分长相，七分打扮"，网店的装修就如同实体店的装修，可以让买家从视觉和心理上感受到网店的专业性，以及卖家对网店的用心程度。

美观、大气、恰如其分的网店装修可以延长买家在网店中的停留时间，使买家在浏览网页时不易出现视觉疲劳，能够细心浏览网店，从而让网店实现提高销售额的目标。

优秀的网店装修能够最大限度地提升网店的形象，有利于网店品牌的打造，并能提高网店的浏览量及销售转化率。那么，网店装修主要是对网店中的哪些位置进行装修呢？

从图1-5和图1-6中可以发现，网店中需要装修的区域非常多，而且网店装修需要根据商品的变化、季节的变换、节日的不同等进行相应的调整。也就是说，网店装修是一项持续性较强的工作，需要卖家付出很多时间和精力。

图1-5　首页装修

图1-6　详情页装修

↘ 二、网店装修的重要性

买家进入一个网店后，是否会购买这个网店中的商品会受很多因素的影响（见图1-7）。分析这些因素，不难发现其中大部分是需要依靠网店装修来解决的。

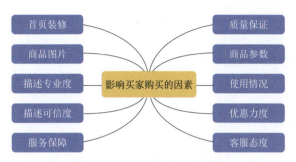

图 1-7　影响买家购买的因素

　　首页是一个网店的门面，需要用心策划和布局。商品图片如果没有经过后期的美化，是很难让买家产生兴趣的。如图 1-8 所示，该手表商品图片在没有处理之前质感不强。经过后期的色调调整，所呈现出来的效果质感十足，如图 1-9 所示。对商品的细节进行分解，还可以提升商品图片的表现力，将商品的多个方面展示出来，如图 1-10 所示。

图 1-8　没经过美化的图片　　　　　图 1-9　经过后期调整的图片

图 1-10　展示商品细节

　　网店装修是提高网店销售额的法宝，因此网店卖家需要对网店进行美化，以吸引更多的买家。

三、网店装修与转化率的关系

　　当网店的装修工作做到一定程度后，就可以进行宣传与推广了。在经营过程中，卖家可以逐步完善网店的装修，既不能一味地装修，也不能一味地宣传。只装修不宣传，没有人知道网店的存在，没有浏览量，销量不可能增加；只宣传不装修，买家不信任网店，不敢买，浏览量虽然增加了，但销量不会增加。因此，装修是做好网店的基础，宣传则是催化剂，宣传能让网店的生意兴旺起来。

网店的经营看似简单，其实涉及的内容很复杂。现在开网店的人非常多，买家对网店的要求也越来越高。为了让自己的网店经营得更好，很多卖家会绞尽脑汁地推广自己的网店，从而获取更高的收益。一个网店，不管卖的是什么，都要经常更新货架，以此给买家带来惊喜。想要新品在上架后得到更多的关注，商品图片的修饰、商品详情页的制作、新品上架广告的制作等都需要依靠网店装修来完成，因此网店装修的美观与否直接决定着浏览量的高低。

在网店营销中有一个公式，如图 1-11 所示。该公式展示了哪些因素会影响网店内容对访问者的吸引程度。在这 4 个因素中，视觉吸引力是一个重要的因素。由于网店中的大部分信息都是依靠图片进行传达的，所以提升图片的表现力是网店装修工作的重点。

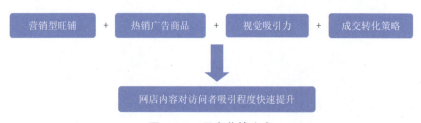

图 1-11　网店营销公式

网店的销量高低直接与转化率相关，而影响转化率的主要因素包括商品的图片、买家的评价、卖家的促销活动等。这些因素都与网店装修有关，可见网店装修与网店的转化率是密不可分的。图 1-12 所示为相关因素与提高转化率之间的关系。

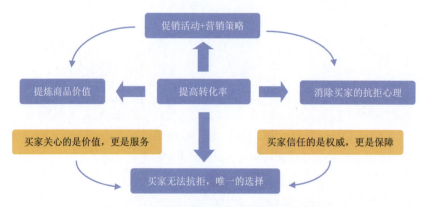

图 1-12　相关因素与提高转化率之间的关系

在网店营销中，图片或视频在整个交易环节中起着非常重要的作用，因为买家一般无法直接接触商品，只能通过图片或视频进行观看，所以卖家所拍摄的图片或视频质量直接影响着交易的达成情况。除了图片或视频要精美、清晰之外，商品描述同样必不可少。商品描述越详细越好，要涵盖商品的功能、款式、规格等关键信息，确保每一个细节都能清晰地展示给买家。如果卖家能够做到图片或视频和文字的高效结合，那么订单会大幅度增加。

例如，图1-13没有突出细节，虽然在页面的顶端简单说明了商品信息，但没有针对商品的细节进行有目的的讲解，而页面中部大段的文字会让买家失去阅读的兴趣；图1-14放大了商品的重要细节，充分地表现出了商品的特点。由此可以看出，只有经过深思熟虑、精心装修的网店才更能吸引买家的消费兴趣，进而提高网店的转化率。

图1-13　没有突出细节

图1-14　放大细节

在装修网店时，大多数网店美工设计人员会按照品牌形象来装修。然而，这种网店只适合用来展示品牌，真正要做到销售转化是很难的，因为买家网购的目的很明确，之所以进到店里，主要是对商品感兴趣，所以在装修时需要注意两个方面：一是用来展示网店定位的店招不需要太花哨，只需说明网店销售什么商品即可；二是充分展示商品的精美度。某些时候还可以使用一些特殊手法来增强商品的视觉效果，由此吸引买家的兴趣，达到提高转化率的目的。

任务二　网店装修风格定位

网店装修时，虽然有很多精美的装修模板可以使用，但是这些装修模板都有各自的特点风格，如果不符合自己网店的定位，那么就不是理想的、可使用的装修模板。下面将介绍如何确定网店装修的风格，以及不同行业网店装修的风格。

一、如何确定网店装修的风格

网店装修流程如图 1-15 所示。在对网店进行装修时，需要先确定网店装修的风格。

网店装修的风格会在一定程度上影响网店的运营。定位准确、美观大方的网店装修可以提升网店的品位，从而吸引目标买家，增加潜在买家的浏览概率及停留时长，进而提高网店的销售额。

卖家在确定网店装修的风格时，可以借鉴一些时尚网站中的设计风格，如图 1-16 所示。

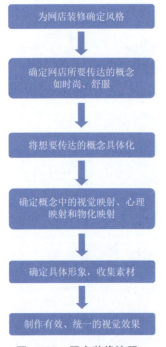

图 1-15　网店装修流程　　　　　图 1-16　某时尚网站设计

网店装修的风格一般体现在网店的整体色彩、色调及图片的拍摄风格上。电商平台网站上有多种风格的网店装修模板，卖家可以选择这些固定的模板来进行装修，也可以根据店内商品的特点和风格自行设计，使网店装修独具特色，更符合网店的定位。

想要确定网店装修的风格，不能只靠网店卖家或网店美工设计人员的个人品位，还需要参考一种系统的方法，如图 1-17 所示。

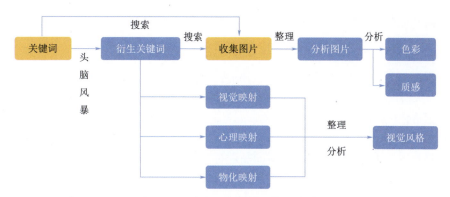

图 1-17　确定网店装修风格的方法

　　在确定网店装修的风格时，首先需要做的就是通过综合用户研究结果、品牌营销策略，采用内部讨论等方式明确关键词，如"清爽""专业""有趣""活力"等。其次邀请用户、网店美工设计人员等参与素材图片的收集工作，使用图片展示风格、情感，并且分析选择图片的原因，挖掘更多背后的故事和细节。最后，将素材图片按照关键词进行分类，提取图片色彩、配色方案材质等方面的特征，作为最终视觉风格的参考依据。

　　这里以关键词"清新"为例，通过联想关于"清新"的颜色得到一组色彩较为淡雅的配色；接着联想与"清新"相关的材质，即衣裙、天空等，再进一步分析这些材质带给人的视觉、心理和物化上的映射词组，从而大致把握有关"清新"这个风格的素材；最后对这些素材信息进行组合和提炼，如图 1-18 所示，基本完成网店装修素材的收集工作。

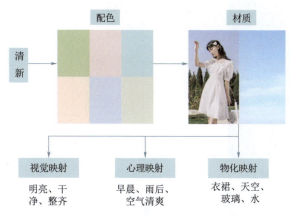

图 1-18　将素材信息进行组合提炼（以"清新"为例）

　　确定网店的装修风格时除了要独树一帜以外，还要关注同行。要时刻关注竞争对手网店的新品上架、网店装修等情况，将竞争对手网店与自身网店进行深入的对比，总结出更适合自己网店的销售方案和装修风格。

　　总之，在网店装修的过程中首先要准确定位，突出网店风格和主打品牌，并且适时借鉴别人的方法与经验，只有这样才会有一个好的开端。

二、不同行业网店装修的风格

图 1-19、图 1-20 和图 1-21 所示分别为三种不同行业、不同风格的网店首页装修效果，风格依次为暗黑酷炫风格、北欧风格和淑女风格。通过对比可以发现，它们各自选择了适合自己行业和网店风格的修饰元素，并且使用了不同的配色方案，如图 1-22 所示。

根据网店销售商品的不同，对商品进行有效的包装和设计，使商品和网店所呈现出来的视觉效果独具特色，在买家心中形成特定的印象，有助于网店自身形象的树立。

图 1-19　暗黑酷炫风格　　　图 1-20　北欧风格　　　图 1-21　淑女风格

图 1-22　不同网店风格与配色

任务三　分析网店装修中的常见问题

确定了网店的装修风格之后，卖家在网店装修具体的制作和维护过程中还要关注一些细节问题。如果不注意这些细节，就可能让买家在浏览网店的时候体验不佳，从而导致客流量的丢失，最终使成交率无法提高。

↘ 一、控制装修图片的色彩

巧妙地运用色彩可以使网店页面变得鲜艳、生动、富有活力，但页面的颜色不能太多、太杂，要保持统一，要有一个固定的配色方案对色彩进行规范，以减少视觉干扰。颜色过多容易造成网店页面的视觉效果复杂、混乱，对买家获取商品信息毫无帮助，甚至可能会带来负面影响，如图 1-23 所示。

↘ 二、网店风格的选择

在网店装修之初就要确定风格，通常情况下会选用"默认风格"，如图 1-24 所示，因为商品的图片大多是通过抠图得到的，背景是白色的，"默认风格"的背景基本上也是白色的，整体会显得简明、舒适。如果商品图片的背景不是白色的，就可以选择其他风格。此外，在把握网店整体风格的同时，还要考虑其稳定性和可更改性。

图 1-23　颜色过多

心形玫瑰项链

¥139 | 立即购买

爱心灵动项链

¥139 | 立即购买

一款四戴项链

¥139 | 立即购买

图 1-24　选用"默认风格"

↘ 三、控制网店视频的时长

随着互联网技术的高速发展，各大电商平台现在基本上都支持视频功能。很多网店选择用动态的视频取代静态的图片作为商品主图（见图 1-25）或者在商品详情页中插入视频广告，以达到吸引买家购物、提高商品转化率的目的。卖家为了在激烈的竞争中占据优势，的确需要紧跟视频这一热潮，但要注意控制视频的时长。

11

图 1-25　主图视频

据淘宝官方数据统计，大约 55% 的买家在商品详情页上的停留时间不超过 35 秒，85% 的买家浏览不到 10 屏，并且 1 ~ 5 屏的转化率为 18.5%。因此，要想提高商品的转化率，就要在短时间内将有效的信息传递给买家。一张静态的图片通常一两眼就能看完，而一段视频却需要花上几秒甚至更多的时间。因此，尽管各电商平台规定的视频时长上限并不短，但是卖家在制作视频时仍然要控制好时间，让买家能在极短的时间内了解商品并做出购买的决定。

项目实训：安踏天猫旗舰店首页设计分析

2024 年的"双 11"购物节拉下了帷幕，各大电商平台公布了相关销售排行，安踏集团凭借多品牌矩阵再度拿下运动户外总成交额行业第一。就像"永不止步"的品牌精神一样，安踏集团的"向上成长"也从未停下。2024 年"双 11"全周期，安踏集团总成交额超 111 亿元。在天猫平台，安踏、斐乐、迪桑特三大品牌全部进入运动鞋服类目 TOP10，可隆则进入户外鞋服类目 TOP5；在抖音平台，安踏、斐乐均进入运动鞋服类目 TOP5。

图 1-26 所示为安踏的天猫旗舰店首页，请分别从网店风格、色彩等方面对其网店首页设计进行分析。

图 1-26　安踏天猫旗舰店首页

课后练习

1. 根据本项目所讲内容，结合实例简述网店装修的重要性。

2. 在淘宝上搜索"美的中央空调旗舰店""九阳生活电器旗舰店"，并分析它们的装修风格。

3. 试分析淘宝网店"七匹狼官方旗舰店""鸿星尔克官方旗舰店"在网店装修上的优势。

项目二
网店装修四大要点

知识目标

- 掌握拍摄商品图片的基本技巧。
- 熟知常见的配色方法。
- 了解页面布局的组成要素和方式。
- 学会使用布局来突出画面的层次感和主次感。

能力目标

- 能够对网店页面进行配色。
- 能够根据设计风格收集修饰素材。
- 能够对段落文字进行合理排列，打造具有高表现力的文字造型，并利用文字营造特定的氛围。

素养目标

- 坚定文化自信，在网店装修设计中可以植入中华优秀传统文化元素。
- 强化全局视野和系统思维，能够站在全局的角度统筹考虑网店装修设计。

　　买家进入网店，如果视觉体验不好，通常就不会去看网店中的商品了，所以不能忽视最基本的网店装修环节。本项目主要从图片、配色、布局与文字 4 个方面介绍如何进行网店装修才能吸引买家眼球，提高转化率。

任务一 图片——精心准备图片素材

在对网店进行装修之前，首先要准备大量的图片素材，包括商品图片和修饰页面的素材图片等。将这些图片素材准备好以后，才能通过图形图像处理软件对其进行组合和编辑，制作出吸引眼球的网店页面效果。由此可见，精心准备图片素材是网店装修工作的第一步。

一、拍摄商品图片

在网店装修之前，首先需要拍摄足够的商品图片。由于网上购物的特殊性，买家无法接触到商品实物，所以商品的信息主要依赖于图片进行传达。然而，商品的某些物理特性无法被买家直接感触到，如商品的质地、分量等，这就对商品图片提出了更高的要求。只有从不同的角度拍摄商品，充分展示出商品更多的细节，才能最终打动买家。图2-1所示为从不同角度拍摄的女包商品细节图片。

图2-1 从不同角度拍摄的女包商品细节图片

在拍摄某些商品的过程中，为了让图片中商品的色泽和质感更加接近人眼看到的效果，还需要布置简易的拍摄场景，如图2-2所示，让拍摄中的光线满足所需要的强度，使图片中的商品清晰地展现出来。

图2-2 布置拍摄环境

除了要布置拍摄环境、拍摄商品的细节图以外，大多数时候为了展示商品的实用特性，让买家更直观地感受商品的实物效果，卖家还需要拍摄模特使用或穿戴商品的图片。图 2-3 所示为手表网店卖家所拍摄的手表商品图片及试戴效果图片，其中手表试戴效果图片可以让买家更直观地感受到商品的适用性。

图 2-3　手表商品图片及试戴效果图片

↘ 二、收集修饰素材

在网店装修过程中，除了使用拍摄的商品图片以外，页面修饰素材的使用也是必不可少的，它们往往会让页面效果更加绚丽，呈现的视觉元素更加丰富。因此，在进行网店装修之前，要根据网店的设计风格及商品特点为网店装修准备所需的修饰素材。

是否添加图片修饰素材对商品的表现有很大的影响。例如，从图 2-4 和图 2-5 中饰品添加和未添加光线修饰素材的效果对比中可以看出，添加光线修饰素材的图片视觉效果更为惊艳，更能表现出商品的材质与特点。

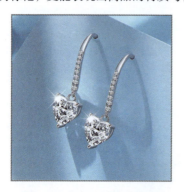

图 2-4　添加光线修饰素材　　　　　图 2-5　未添加光线修饰素材

在商品图片上添加修饰素材是为了提升商品的品质感，而大多数的网店装修中需要使用大量的修饰素材来让整个页面呈现出完整、统一和丰富的视觉效果。例如，文艺风格的网店会选用色彩清新、淡雅的植物素材作为修饰，而可爱风格的网店会选用外形可爱且色彩多样的卡通人物进行点缀，这些素材的添加会让网店页面的整体效果显得更丰富、更精致。

图 2-6 和图 2-7 最大的区别在于后者对使用的图片素材进行了修饰与美化，而前者只用了纯色的背景和文字。从视觉冲击力的角度来看，后者比前者更容易让人印象深刻。

图 2-6　纯色背景和文字　　　　　图 2-7　对图片素材进行修饰与美化后的效果

任务二　配色——网店色彩搭配

在网店装修中，色彩是一种非常重要的视觉表达元素，它能烘托出各种各样的设计氛围，对人们的心理产生极大的影响。同时，色彩会影响买家对商品风格和形象的判断，只有掌握了色彩搭配的方法，卖家才能设计、制作出吸引买家眼球的页面效果。

一、常见的配色方法

在网店装修中，常用的配色方法主要有同一色相配色、类似色相配色、相反色相配色、渐变效果配色和重色调配色。

1. 同一色相配色

同一色相配色以单一颜色为对象，调整其明度和彩度，使其呈现出不同的特色，如图 2-8 所示。这种配色方法在表现一种秩序井然的感觉时比较适用，可以传达出一种安静之美。

图 2-8　同一色相配色

2. 类似色相配色

类似色相配色将色相环上相连的颜色组合进行配色，或者将相连的颜色进行明度和彩度上的微调后进行配色，如图 2-9 所示。类似色相之间和谐、协调，适合表现温馨、甜美、浪漫的视觉效果。

3. 相反色相配色

相反色相配色使用色相环上相反方向的颜色进行配色，如图 2-10 所示，可以给人一种强势和生动的感觉，因为色相之间差异较大，更容易营造出一种动态、华丽的视觉效果。

图 2-9　类似色相配色

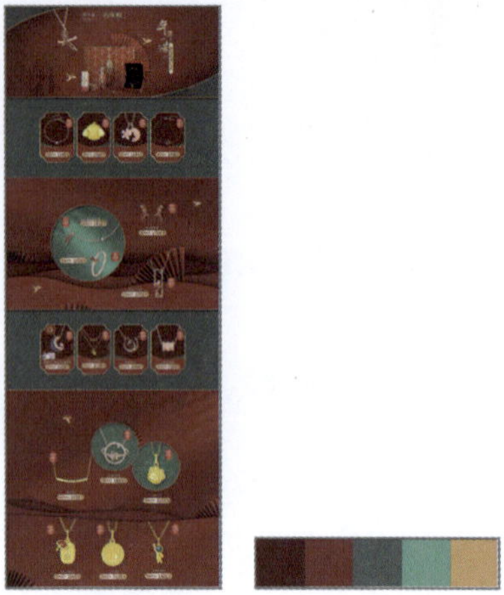

图 2-10　相反色相配色

4. 渐变效果配色

渐变效果配色是将所选颜色的明度、彩度和色相等逐层给予适当的变化之后再组合起来的一种配色方案，如图 2-11 所示，通常用于表现一种和谐、自然的视觉效果。

5. 重色调配色

重色调配色是在相对单调的配色氛围中，通过使用对照色相与色调，从而起到强调效果的一种配色方式，如图 2-12 所示。这样的配色会打破平淡、枯燥的页面效果，更加引人关注。

图 2-11　渐变效果配色

图 2-12　重色调配色

↘ 二、色彩与网店营销

色彩对网店营销而言是一个极其重要的影响因素。虽然有些买家对网店首页及商品页面的色彩搭配并不是太在意，但是颜色会通过视觉对买家的心理与思维产生较大的影响。图 2-13 中使用能够提起人们味觉的暖色进行搭配，给人一种暖意融融的感觉。

图 2-13　暖色搭配

在运营网店时，为了提高销售的业绩可以使用的有效策略很多，有时不用支付昂贵的广告费用，只要灵活地运用颜色营销方案就可以取得良好的效果。

网店配色方案要能抓住买家的消费心理。

充满自信的买家对可以提升自身价值的事物颇具好感，所以色泽华丽的商品更能受到他们的青睐，像金、银等金属系列的颜色和给人以高档感的低彩度颜色都是很好的选择，如图 2-14 和图 2-15 所示。

图 2-14　金属系列颜色

图 2-15　低彩度颜色

追求温柔形象的买家更喜欢隐约且柔和的颜色，如高明度的轻色调系列，也就是清淡色调，如图 2-16 所示。

图 2-16　高明度的轻色调系列颜色

追求时尚张扬、都市风采的买家对色彩强烈的配色页面更容易产生兴趣。其中，高明度、高彩度的暖色系列颜色是比较有代表性的，同时采用灰白色进行搭配，可以凸显时尚的气息，如图 2-17 所示。

图 2-17　高明度、高彩度的暖色系列颜色

↘ 三、设计不同色调的页面

页面给人的第一印象非常重要，买家首次看到商品展示页面的那一瞬间有什么样的

心理感受，对其判断是否购买商品可能起到50%以上的决定作用。为了更好地体现商品的特征，给页面选择合适的颜色相当重要。

根据配色方案的不同，页面给人的感觉和氛围也有很多种。分析商品的特征，选择一种合适的颜色，能够将商品特征有效地传递给买家，这一点在商品页面的制作上至关重要。

1. 浅色调页面

形象单纯的儿童用品、礼服等需要体现出清纯感觉的商品可以使用浅色调进行配色，如图2-18所示，让页面中的商品形象干净、整洁。

2. 清新色调页面

表现文静、平和的商品可以使用清新的色调进行配色，如图2-19所示。高明度和高纯度的颜色可以增加页面的柔和感，营造出高档的氛围。

图2-18　浅色调页面　　图2-19　清新色调页面

3. 蓝色调页面

蓝色调散发着清爽、凉爽之感，适合表现夏季商品、电子商品、清洁用品等，如图2-20所示，并且蓝色调具有稳定感，容易让买家产生踏实、积极的感觉。

4. 绿色调页面

绿色调适用于环保型的用品，如图 2-21 所示，利用绿色对画面进行配色，可以营造出一种干净、整洁的氛围，增强买家在商品使用安全性方面的信赖度。

图 2-20　蓝色调页面　　　　　　　图 2-21　绿色调页面

任务三　布局——规划网店页面布局

在网店运营中，为了提高销售业绩，卖家要制作美观大方、适合商品的页面，将图片或者文字说明等组成要素合理地进行布局，使商品更加引人注目，以提高买家的购买率。其中，将商品页面的组成要素进行合理的排布就是网店装修中的页面布局。

一、页面布局的组成要素

在网店中销售商品与在实体店中销售商品有很大的区别。在网店中销售商品时，商品的各个方面无法面面俱到、一清二楚地传递给买家。因此，需要在首页及商品详情页这些限定的空间内尽可能多地将商品和活动的相关信息传递给买家。

网店的页面不一定要制作得非常华丽，但要能引起买家的注意。为了把商品和活动信息最大限度、有效、正确地传达给买家，就需要进行页面的合理布局。在进行布局之前，要首先了解页面布局的组成要素，如图 2-22 所示。

图像：网店装修布局中的图像主要指商品图像、模特图像和用于修饰页面的形状、符号和插画等，这些图像本身就包含一定的信息，可以对商品或辅助商品进行展示，并为页面营造一种特定的氛围

背景：为了有效地营造出与商品或活动主题相统一的页面氛围，可以对背景进行设计，使用图案、纯色和图像等元素的背景

文字：文字主要对商品信息进行说明，是页面布局要素中最核心的部分之一，其设计风格要与商品的风格保持一致。文字除了用于传递商品信息以外，还可作为修饰元素放在页面中，以达到平衡布局的效果

留白：留白指布局好商品图像、文字与修饰元素之后，余下的空白部分。在布局中不注意留白，将页面填充得满满当当，会给人一种沉闷的感觉，甚至造成视觉疲劳

图 2-22　页面布局的组成要素

在对网店进行装修之前，无论是设计首页还是商品详情页，在把握整体页面布局时，首先要抓住并确定主要区域的内容，然后进行细节的设计，这样整体布局流程就会比较流畅，最后确定页面中各个组成要素的位置，将所要表达的信息更形象、更具真实感地传达出来。

↘ 二、常用的页面布局方式

买家在浏览商品页面时，通常会将图像视为一个整体图，然后才将视线定位到比较突出或抢眼的位置，所以在排列商品图像或模特图像时，为了突出商品的特征，可以将一些希望突出的图像放大并布局于显眼的位置，这样效果会更加理想。

下面介绍几种较为常用的商品页面的布局方式。

1. 中间对齐的页面布局

图 2-23 所示为中间对齐的页面布局。这种布局方式具有可以吸引买家视线的优点，但会显得整体页面比较狭窄。通常情况下，可以调整一些图像的尺寸，将留白部分的特色发挥出来，从而消除沉闷、狭窄的感觉，产生安静、稳定的感觉。

2. 对角线排列的页面布局

图 2-24 所示为对角线排列的页面布局。这种布局方式适合表达自由、奔放、动态

的感觉，并且会形成自然的Z字形视觉牵引效果，给人一种清爽、利落的感觉。当然，无论怎样的自由式布局，都要以指引线为准对图片和文字进行设计和布置。

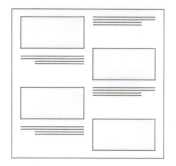

图 2-23　中间对齐的页面布局　　　　图 2-24　对角线排列的页面布局

3. 棋盘式的页面布局

图 2-25 所示为棋盘式的页面布局。这种布局将图像按照棋盘表面的方格样式进行布局，把众多的图像一次性地展示给买家。这种布局方式适合用于展示商品的各个细节部分，其优点是将众多的图像集合为视觉上的一个整体，形成一种统一感，将买家的视线集中到一处。

4. 左对齐的页面布局

图 2-26 所示为左对齐的页面布局。由于人们的视线一般是从左向右移动的，所以这种页面布局会吸引更多的视线，适合用在表现那些有顺序之分的内容上，如商品使用的说明顺序、商品的制作过程等。这些连贯性的主题采用左对齐的页面布局来表现，效果极佳。

图 2-25　棋盘式的页面布局　　　　图 2-26　左对齐的页面布局

5. 对称型的页面布局

图 2-27 所示为对称型的页面布局。这种布局方式是指以画面的横向或纵向中心线为轴，将页面组成要素按照彼此相对的方式进行两侧布局。在页面布局中，即使两侧的组成要素不是按照完全相同的尺寸和排列方式来进行的，只要两侧的空间宽度和重量感

相同，就可以体现出对称的布局效果。这种布局能够营造出一种安定的整体氛围。

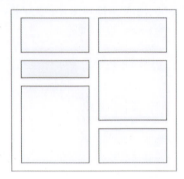

图 2-27 对称型的页面布局

商品的图像和说明文字的排列、布局会影响到页面的整体氛围和效果。为了更有效地进行页面布局，需要确定商品的特定用途和需要表现的氛围，并据此合理运用上述布局方式，让设计出来的页面给买家带来视觉上的舒适感，并将商品的特点展现给买家。

任务四 文字——制作网店页面文字

首页是一个网店的门面，商品详情页是网店的灵魂。无论是网店首页，还是商品详情页，都包含文字信息。网店美工设计人员如果不明白商品优点及活动的精髓，那么制作出来的页面效果肯定是不理想的。

网店页面中究竟要包含哪些信息？这些信息又该如何编排？图片和模块该如何布局？这些问题直接影响着网店页面的转化率及用户体验。下面将介绍如何在网店装修中制作出准确、抢眼的文字。

↘ 一、网店页面段落文字的排列方式

在网店装修的文字编辑过程中经常会使用段落文字。段落文字的文本信息较多，其排列方式也是多种多样的。

1. 自由对齐

自由对齐就是让每段文字自由地组合在一起，没有固定的方向或位置，如图 2-28 所示。采用这种对齐方式排列的文字表现形式较为自由，给人以活泼、自然的感觉，能够表现出不拘一格的效果。

2. 左对齐

左对齐就是将每行文字的左侧边缘对齐，这种对齐方式较为常用，如图 2-29 所示。左对齐排列通常能够呈现出一种整齐、利落的感觉，具有很强的协调感，并且只要合理地调整文字的大小，就可以轻松地制作出层次感。

图 2-28　自由对齐

图 2-29　左对齐

3. 居中对齐

居中对齐就是将每行文字的中间对齐到一个垂直线上，如图 2-30 所示。这种对齐方式可以将人的视线集中起来，减少周围元素对文字的影响，是段落文字编排中常用的一种对齐方式。

图 2-30　居中对齐

4. 右对齐

右对齐与左对齐的效果正好相反，它是将每行文字的右侧边缘对齐，如图 2-31 所示。这种对齐方式可以让人的视线集中到文字的右侧，并且利用每行文字的长短不一在左侧形成一定的波形，从而产生流动感。

对段落文字进行编排是为了更好地归纳、区分网店页面中的各项文字内容，使网店页面更具条理性。在编排过程中，需要注意段落文字之间的间隔距离，让文字的组合符合页面的需求，创建出理想、有序的网店页面结构。

图 2-31　右对齐

当网店页面中有多个段落组合在一起时，可以利用文字的色彩、字号等的差异将某些段落与其他文字信息区分开，形成鲜明的对比，这样有利于突出和强调网店页面中的重要信息，让买家优先注意到这些内容，从而增强内容的易读性，如图 2-32 所示。

图 2-32　利用文字色彩、字号差异区分文字信息

二、打造具有高表现力的文字造型

在网店装修过程中，为了让主题文字更富有艺术感和设计感，通常在设计时会使用一些简单的创意来对文字进行处理。文字的创意设计实际上就是以字体的结构为基础，通过丰富的联想，利用多种不同的创作手法，打造出具有高表现力的文字造型。

1. 连笔

连笔设计是指字体的前后笔画一笔紧连着一笔，呈现出紧密相连的状态，使同一个字或不同字的笔画之间流畅、自然地衔接起来。连笔讲究的是字体书写节奏的流畅，能够使信息更为突出和鲜明。

连笔设计能够展现出笔画脉络与字体的整体形态，让笔画的特点片段得到补充和延伸。图 2-33 所示为美的旗舰店活动海报中的文字"美的智慧家 夏日清凉计划"使用连笔设计后的效果。

2. 省略

字体形态的省略设计需要网店美工设计人员对字体的基本结构有全面的掌握。在进行省略设计时要充分发挥联想，既要使字体呈现出独特的个性，又要使文字具有可读性，让字体形态易于区分。

图 2-33　连笔设计效果

图 2-34 所示为使用省略方式设计的文字效果，其中通过两条斜线将字体的另外一部分隐藏起来，有利于产生若隐若现的感觉，引起买家的联想。

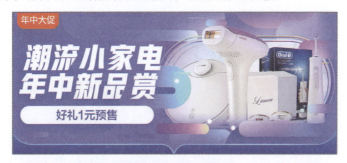

图 2-34　省略效果

此外，省略方式的合理运用可以使字体失去部分笔画，只利用显示的笔画来表现字体的形态，让文字具有独特的影像魅力，有助于增强文字的表现力，引起买家的注意。

3. 装饰

为了让文字的表现更加具象化，增强网店商品的传播力度，在设计某些文字的过程中，可以在不改变文字整体效果的情况下，在适当位置添加一些修饰元素。

在文字上添加修饰元素，如花瓣、树叶等（见图 2-35），会给买家留下深刻的印象，从而体现出网店视觉形象的独特审美，给买家带来美好的视觉感受。

图 2-35　为文字添加修饰元素

↘ 三、利用文字营造特定的氛围

在网店装修中，除了利用文字表达、传递商品和活动信息之外，还可以利用文字营造一种特定的氛围。例如，在中秋节主题模块中使用带有月亮、云彩等元素的文字效果来表达团圆的意境，而在夏季活动模块中使用带有冰块、水流等元素的文字效果来表现冰爽的感觉。

网店的装修除了要符合网店风格以外，大部分情况下还要随着节气、节日而发生相应的改变。利用文字这一简单的元素，通过字体形状的变化、修饰元素的添加和色彩的巧妙搭配，就可以营造出特定的氛围。

1. 喜庆

图 2-36 所示为春节主题的网店轮播海报。其中添加了一些具有节日气息的素材，并使用与春节、年货节主题相吻合的大红色来营造节日的氛围。除此之外，在海报中还展示了网店活动的亮点内容，让买家一目了然。

图 2-36　喜庆的氛围

2. 冰爽

图 2-37 所示为夏季主题的网店轮播海报。其使用蓝色调的背景与文字作为主要的表现对象，将冰块素材与文字组合在一起。冰块在人们的印象中是凉爽、寒冷的象征，在夏季使用蓝色和冰块来修饰文字会让人联想到海洋、天空、水、宇宙等，给买家带来冰爽的视觉感受。

图 2-37　冰爽的氛围

3. 天然

图 2-38 所示为一张具有中国传统风格的网店轮播海报。其中，海报中央的绿色商

品与书法字体的文字相结合，传递出一种高贵而典雅的美感，而背景中的蓝色调与中国风的装饰元素，如绿叶、飞鸟和流水，也与网店商品所倡导的天然、绿色的健康理念一致，能给买家带来一种清新、自然的感觉。

图 2-38　天然的氛围

4. 可爱

图 2-39 所示为儿童节主题的网店轮播海报。其使用与儿童认知比较吻合的多种字体，通过稚拙的文字造型来表现儿童天真、可爱的一面，并使用丰富的修饰元素来进行衬托，让整个画面充满了灵性和美感。这样的设计手法让整个画面充满活泼、生动和快乐的气息，传递出浓浓的欢乐之情。

图 2-39　可爱的氛围

项目实训：格兰仕天猫旗舰店装修设计分析

格兰仕集团是一家综合性健康家电和智能家居解决方案供应商，是中国家电业具有广泛国际影响力的龙头企业之一。1992 年，格兰仕从一台微波炉开始书写家电传奇，让微波炉从奢侈品成为现代家庭必需品，带给全球亿万家庭"不食烟火，只享美味"的健康生活方式。

格兰仕发展到现在，匠心研制出微波炉、电蒸炉、烤箱、空调、冰箱、洗衣机、洗碗机、电饭煲、破壁机、热水器、燃气灶、油烟机等精品电器，在生活电器、厨房电器、物联网家电等领域实现了创新发展。

进入格兰仕天猫旗舰店，我们可以看到店铺首页轮播的促销活动海报，宣传着各类产品，如烤箱、洗衣机和冰箱等，如图 2-40 所示。

图 2-40　格兰仕天猫旗舰店首页的促销活动海报

请认真观察上面这三张图片，分析其配色、页面布局、文字排列方式、文字造型及文字营造的氛围。

课后练习

1. 在淘宝上搜索"BDuck服饰旗舰店"店铺，分析其装修配色方法。
2. 试分析如图 2-41 所示的首页分别属于哪种页面布局方式。

图 2-41　页面布局方式

项目三
网店装修六大技能

➡ 知识目标

- 掌握对商品图片的尺寸、构图进行调整的方法。
- 掌握对商品外形进行校正的方法。
- 掌握去除水印、局部擦除、调整模特面部和身形、锐化图像的方法。
- 掌握调整图片亮度、校正图片白平衡、调整图片色调的方法。

➡ 能力目标

- 能够根据网店装修设计的需要抠出商品图像并替换背景。
- 能够根据需要去除水印、调整模特面部和身形。
- 能够制作具有创意感的标题文字，并对段落文字进行艺术化编排。

➡ 素养目标

- 在网店装修过程中弘扬工匠精神，精益求精。
- 增强责任意识，彰显"以买家为中心"的服务意识。

　　由于拍摄环境、拍摄器材及摄影水平等条件的限制，网店装修准备阶段拍摄的商品图片往往是无法直接使用的，需要网店美工设计人员对图片的尺寸、构图、水印、色差、影调等进行调整和编辑。在完成这些基本操作后，还要根据实际的设计需要进行抠图、添加文字等操作。本项目将介绍网店装修的六大技能：裁图、抠图、修图、调色、编辑与文字处理。

任务一 裁图——纠正商品图片角度

处理商品图片的第一步就是对图片的尺寸、构图和外形进行调整，让图片的文件大小、视觉中心和外形状态等符合网店装修的需要。下面将介绍如何调整图片大小，如何裁剪商品图片中多余的图像，以及如何对商品外形进行校正。

↘ 一、调整图片的大小

电商平台通常会对商品图片的大小有一定的限制，这是为了让图片能够在网上快速地传输和显示，所以在拿到商品图片素材之后，大多数情况下网店美工设计人员都需要重新对商品图片的大小进行设置，使其符合电商平台的要求。

视频
调整图片的大小

在 Photoshop CS6 中，可以使用"图像大小"命令调整商品图片的尺寸。在 Photoshop CS6 中打开一张商品图片（"素材文件 \ 项目三 \ 01. jpg"），单击"图像" | "图像大小"命令，在弹出的"图像大小"对话框中设置图像的宽度、高度和分辨率等参数，然后单击"确定"按钮，如图 3-1 所示。此时，商品图片的大小会发生明显改变。

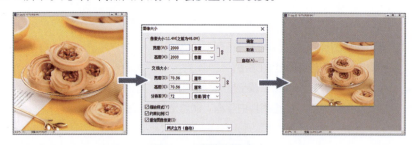

图 3-1 调整图像大小

通过"图像大小"对话框还可以了解到商品图片的更多信息，如尺寸、分辨率等。单击"宽度"选项右侧的下三角按钮⌄，在弹出的下拉列表中可以选择所需的尺寸单位，如图 3-2 所示，以便按照设计需要更准确地调整图片大小。

图 3-2 选择尺寸单位

↘ 二、裁剪商品图片中多余的图像

摄影师在拍摄商品时，为了将商品全部囊括到画面中，有时可能会忽略商品图片的构图，或者将不需要的对象也纳入其中，此时可以使用 Photoshop CS6 中的裁剪工具或"裁剪"命令来快速裁剪图片中多余的图像，以达到重新构图的目的。

打开一张需要裁剪的商品图片（"素材文件\项目三\02.jpg"），选择工具箱中的裁剪工具，在图像窗口中可以看到图片周围出现了裁剪框，单击并拖动裁剪框的边线，即可调整裁剪框的大小。调整裁剪框，将左侧的模特图像置于裁剪框的中心，并按【Enter】键确认裁剪操作，如图 3-3 所示。此时，可以看到裁剪后在图像窗口中只留下了模特图像。

视频

裁剪商品图片中多余的图像

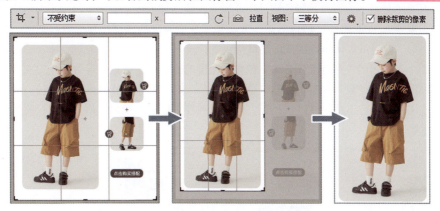

图 3-3　使用裁剪工具裁剪商品图片

在使用裁剪工具对商品图片进行裁剪时，可以采用多种方法对裁剪操作进行确认：一是直接按键盘上的【Enter】键；二是选择裁剪工具以外的其他工具；三是单击裁剪工具选项栏中的"提交当前裁剪操作"按钮✔。

除了使用裁剪工具外，还可以使用"裁剪"命令进行商品图片的裁剪操作。在使用"裁剪"命令进行裁剪操作之前，需要使用选区工具创建选区，Photoshop CS6 会根据选区来定义裁剪的内容。

选择工具箱中的矩形选框工具，在图像窗口单击并拖动鼠标指针创建选区将其框选出来，接着单击"图像"|"裁剪"命令，即可将选区以外的图像裁剪掉，如图 3-4 所示。

图 3-4　使用"裁剪"命令裁剪商品图片

↘ 三、校正商品的外形

在拍摄商品图片时，由于拍摄角度等存在问题，图片中的商品外形出现畸形，这会影响买家对商品外形的判断和理解，此时需要网店美工设计人员对商品的外形进行校正。在 Photoshop CS6 中能够轻松地解决这个问题，使用透视裁剪工具可以校正商品外形的透视角度，还可以在裁剪图像的同时变换图像的透视方式，更加准确地校正商品图片的透视效果，让商品图片恢复正常的透视效果。

对于不是以平直视角拍摄的商品图片而言，商品外形经常会发生透视扭曲的情况。例如，以 90° 以下的角度拍摄商品，就会使图片中商品的底部比顶部看起来宽一些，近似梯形，此时可以使用透视裁剪工具快速进行校正。

图 3-5 所示的左侧商品图片中，俯拍的角度与商品过于接近，导致儿童卫衣外观出现了梯形效果（"素材文件 \ 项目三 \03.jpg"），使领子等细节展示效果不佳。此时，可以使用透视裁剪工具对其进行校正，可以看到校正后的透视角度趋于正常，商品展示效果也趋于理想。

视频
校正商品的外形

图 3-5　校正商品图片透视角度

任务二　抠图——选取商品替换背景

抠图在网店装修中是一项很常见的图像操作，就是将商品图像选中并从背景中分离出来，以便更加自由地进行图像合成与设计。抠图的方法有很多，每种方法的适用范围不同。抠图方法与商品图片背景的色彩和纯净度、商品的外形轮廓等都有关系。下面将介绍几种常用的抠图方法。

↘ 一、快速抠取单色背景图片

如果商品图片背景为纯色，且商品的颜色与背景的颜色差异很大，就可以使用 Photoshop CS6 中的快速选择工具和魔棒工具将商品图像快速地抠取出来。

1. 快速选择工具

使用快速选择工具可以像使用画笔工具绘画一样快速绘制选区，选区会随着鼠标指针的拖动向外扩展，并自动查找和跟随图像的边缘。

　　打开一张纯色背景的书包图片（"素材文件\项目三\04.jpg"），选择快速选择工具，在其选项栏中设置各项参数，接着在书包上单击并拖动鼠标指针，Photoshop CS6 会根据鼠标指针拖动的范围自动创建选区，如图 3-6 所示。

图 3-6　选择快速选择工具

　　继续拖动鼠标指针，直到将书包图像全部添加到选区中。按【Ctrl+J】组合键，将选区中的书包图像复制为新图层，即可完成抠图操作，如图 3-7 所示。

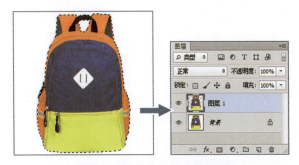

图 3-7　用快速选择工具抠图

　　在使用快速选择工具时，若选中其选项栏中的"自动增强"复选框，则能够减少选区边缘的粗糙度和块效应，Photoshop CS6 会自动将选区向图像边缘进一步流动并进行一些边缘调整。

2. 魔棒工具

　　魔棒工具用于选择图像中像素颜色相似的不规则区域，主要通过图像的色调、饱和度和亮度等信息来决定选取的图像范围。魔棒工具的选取操作比应用快速选择工具更加快捷，只需要在选取的位置单击即可创建选区。

视频

魔棒工具

　　打开一张商品图片（"素材文件\项目三\05.jpg"），可以看到其背景颜色相对单一。选择工具箱中的魔棒工具，在其选项栏中设置"容差"为20，并单击"添加到选区"按钮，然后在背景上单击，即可选择与单击位置色彩相似的图像。继续使用该工具在背景上单击，就能将除了商品之外的其他图像选中，再进行反选即可将商品抠取出来，如图 3-8 所示。

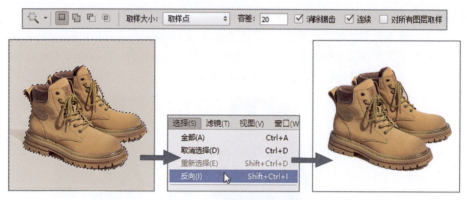

图 3-8　用魔棒工具抠图

在魔棒工具的选项栏中，"容差"选项的参数大小会影响选取的范围，其参数取值范围为 0 ～ 255。如果输入的数值较小，那么单击后会选择与所单击像素非常相似的少数几种颜色；如果输入的数值较大，那么单击后会选择范围更广的颜色。

二、抠取外形规则的商品图片

对一些外形较为规则、轮廓较为清晰的商品，如外形轮廓为矩形或圆形的商品，可以使用 Photoshop CS6 中的矩形选框工具和椭圆选框工具进行快速选择并抠取。使用这两个工具创建的选区边缘更加平滑，能够更加准确地抠取商品的边缘。

1. 用矩形选框工具抠取矩形商品

矩形选框工具主要是通过单击并拖动鼠标指针来创建矩形或正方形的选区。当商品的外形为矩形或正方形时，使用该工具可以快速地将商品框选出来。

视频

用矩形选框工具抠取矩形商品

在 Photoshop CS6 中打开一张商品图片（"素材文件 \ 项目三 \ 06.jpg"），可以看到茶具礼盒的外形轮廓为标准的矩形，所以先选择工具箱中的矩形选框工具，然后在图像窗口中的适当位置单击并拖动鼠标指针绘制矩形选区，当选区完全包围礼盒图像后松开鼠标，即可创建矩形选区，将礼盒框选出来，如图 3-9 所示。若想创建正方形选区，则在拖动鼠标指针的同时按住【Shift】键不放。

图 3-9　用矩形选框工具抠图

2. 用椭圆选框工具抠取圆形商品

椭圆选框工具的使用方法与矩形选框工具相同，都是通过单击并拖动鼠标指针来创建选区，不同的是椭圆选框工具创建的是椭圆或正圆形的选区。该工具同样可以在拖动鼠标指针的同时按住【Shift】键来创建正圆形选区。

打开一张外形为圆形的商品图片（"素材文件 \ 项目三 \ 07.jpg"），选择工具箱中的椭圆选框工具，在图像窗口中单击并拖动鼠标指针创建椭圆形选区，将图像框选出来，抠取图像后即可替换背景，如图 3-10 所示。

视频

用椭圆选框工具
抠取圆形商品

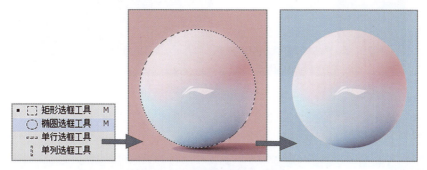

图 3-10　用椭圆选框工具抠图

↘ 三、使用百度 AI 图片助手抠取商品图像

在处理商品图片时，如果商品颜色与背景颜色极为接近，那么使用 Photoshop 中的快速选择工具和魔棒等工具抠取商品图像通常效果不佳。此时，可以选择使用百度 AI 图片助手的"智能抠图"工具将商品图像快速地从背景中抠取出来，具体操作方法如下。

步骤 01 打开"百度 AI 图片助手"页面，单击"上传图片"按钮，打开一张电吹风商品图片（"素材文件 \ 项目三 \ 08.jpg"），在页面右侧单击"智能抠图"按钮，如图 3-11 所示。

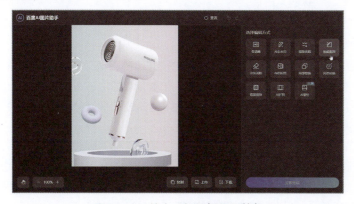

视频

使用百度AI图片助
手抠取商品图像

图 3-11　单击"智能抠图"按钮

步骤 02 在页面右侧单击"智能选区"按钮，然后单击画布右上角的"清屏"按钮，如图 3-12 所示，清除所选抠图区域。

图 3-12 单击"清屏"按钮

步骤 03 在画布中选择要抠取的商品图像，然后单击"立即抠图"按钮，即可将该电吹风商品图像抠取出来，如图 3-13 所示。

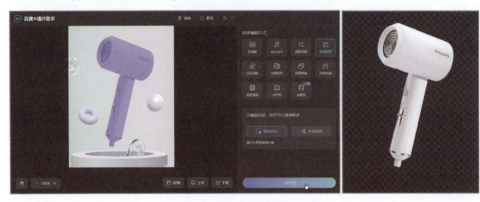

图 3-13 单击"立即抠图"按钮

↘ 四、使用美图秀秀抠取人物图像

在网店装修过程中，常常会遇到一些抠取起来比较麻烦的图像，如模特杂乱的发丝、宠物等。而美图秀秀的"智能抠图"功能基于人工智能技术，在处理这类图像时具有很大的优势。无论是简单的背景，还是复杂的场景，利用该功能都能快速完成抠图任务。

在美图秀秀中打开一张模特图片（"素材文件＼项目三＼09.jpg"），在左侧工具栏中单击"抠图"按钮，展开"自动选择"选项，单击"人像宠物"按钮，美图秀秀会自动识别图片中的主体与背景并进行抠图操作，然后单击"保存"按钮保存图片即可，如图 3-14 所示。

视频

使用美图秀秀
抠取人物图像

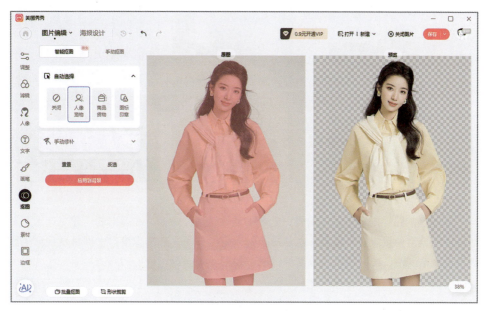

图 3-14　单击"人像宠物"按钮

↘ 五、精细抠取图像

前面介绍的 4 种抠图方法只能在对画质要求不高的情况下使用，因为有些方法抠取的商品图像边缘平滑度不够，甚至会产生一定的锯齿，如果需要制作较大画幅的活动海报，这些方法就不适用了。如果商品图像的边缘不规则但对抠图质量又有较高的要求，那么可以使用 Photoshop CS6 中的钢笔工具抠取图像，钢笔工具不仅可以精细地抠取图像，而且能让合成的画面更加精致。

钢笔工具通过在图像的边缘绘制矢量路径来完成抠图操作，所以在学习使用钢笔工具抠图之前需要先认识路径的组成。

路径由一条或多条直线线段或曲线线段组成，每条线段的起点和终点由锚点标记。路径可以是闭合的，也可以是开放的，并且具有不同的端点。通过拖动路径的锚点、方向点或线段，可以改变路径的形状。

认识路径之后，就可以使用钢笔工具进行抠图操作了。使用钢笔工具抠图要养成放大图片的习惯，放得越大，抠取的边缘就越细致。

在 Photoshop CS6 中打开一张商品图片（"素材文件＼项目三＼10.jpg"），放大图片至合适的比例，选择钢笔工具，在要开始抠图的地方单击，就会出现一个路径锚点。沿着沐浴露的边缘再次单击生成第二个锚点，不要松开鼠标，拖动一下就会出现一对控制杆，这时会发现两个锚点之间的线段变成了曲线，按住【Alt】键可以用鼠标指针对锚点的控制杆进行调整，以改变曲线线段的弯曲弧度。采用相同的方法继续进行绘制，即可得到紧密贴合沐浴露边缘的闭合路径，如图 3-15 所示。

视频

精细抠取图像

图 3-15　用钢笔工具绘制路径

在创建的路径上单击鼠标右键，选择"建立选区"命令，在弹出的"建立选区"对话框中根据需要设置各项参数，然后单击"确定"按钮，在图像窗口中即可看到沐浴露被框选到选区中，此时即可完成图像抠取，如图 3-16 所示。

图 3-16　将路径转化为选区

钢笔工具选项栏中提供了"形状""路径""像素"3 种编辑模式，这 3 种模式所创建出来的对象是不同的。在使用钢笔工具进行抠图时，通常使用"路径"模式来进行操作。

任务三　修图——完美展现商品细节

对商品图片进行裁剪和重新构图后，为了让图片效果更加精美，还要经过修图这一重要环节来清除图片中的瑕疵、水印等。如果是衣帽、饰品等出现模特形象的商品图片，还需要网店美工设计人员对模特进行美化处理，最后通过锐化突出细节，才能获得满意的图像效果。下面将介绍如何进行修图，以完美地展现商品的细节。

↘ 一、使用百度 AI 图片助手去除水印

在拍摄商品图片时，因为数码相机的设置问题，商品图片中出现拍摄日期，或者某些借用的图片或修饰素材上有表明出处的标志或文字。这些影响商品表现的多余元素都

可以称为水印。如果商品图片中包含水印，就会大大降低商品的表现力，给买家留下网店不够专业的印象，甚至会让买家产生网店盗图的误解，以致影响商品的销售。

使用百度 AI 图片助手的"AI 去水印"工具去除水印是比较便捷的方法。打开"百度 AI 图片助手"页面，上传一张商品图片（素材文件＼项目三＼11.jpg），单击"AI 去水印"按钮，在水印区域单击并拖动鼠标指针进行涂抹，然后单击"立即生成"按钮，如图 3-17 所示。此时，即可去除商品图片中的水印。

视频

使用百度AI图片
助手去除水印

图 3-17　使用"AI 去水印"工具去除水印

二、使用美图秀秀去除局部多余内容

在网店装修过程中，有时不需要商品图片中的某些内容或者想使商品图片的背景更加纯粹，这时可以通过局部去除的方法清除多余的内容。使用美图秀秀的"消除笔"工具可以快速去除商品图片局部多余内容，具体操作方法如下。

在美图秀秀中打开一张商品图片（"素材文件＼项目三＼12.jpg"），在左侧工具栏中单击"调整"按钮 展开"消除笔"选项，单击"手动消除"按钮，根据需要调整画笔的大小，在要去除的对象上进行涂抹，美图秀秀会自动识别并消除涂抹区域的颜色和纹理。重复上述操作，直到把图片中多余的内容全部消除为止，如图 3-18 所示。

视频

使用美图秀秀去
除局部多余内容

图 3-18　使用"消除笔"工具去除多余内容

↘ 三、美化模特面部

在拍摄饰品、帽子和服装等商品图片时，往往会采用模特穿戴商品的方式进行展示，大部分情况下模特的面部会出现在画面中。如果模特的妆面存在瑕疵，就会影响商品的表现，此时有必要对模特进行"妆面美容"，其中包括祛斑、磨皮、加深妆容色彩等。

1. 祛斑

通过 Photoshop CS6 的污点修复画笔工具可以快速移除图片中的污点和其他不理想的部分，它使用图像或图案中的样本像素进行绘画，并将样本像素的纹理、光照、透明度和阴影与要修复的像素相匹配。该工具不要求指定样本点，会自动从要修饰区域的周围取样。使用污点修复画笔工具对小面积的瑕疵进行修复，效果非常理想，且效率很高。

在 Photoshop CS6 中打开一张模特图片（"素材文件 \ 项目三 \13.jpg"），将图片放大显示后可以看到模特的面部有明显的雀斑。为了让模特的妆面更加完美，可以直接使用污点修复画笔工具在雀斑位置进行涂抹，松开鼠标后，Photoshop CS6 会自动对雀斑进行清除。完成修复操作后，模特的皮肤变得很干净，如图 3-19 所示。

视频

祛斑

图 3-19　祛斑

2. 磨皮

拍摄一些近距离特写的商品图片，如模特佩戴首饰、眼镜等的图片，模特的面部展露无遗，任何瑕疵都容易表现出来，仅使用污点修复画笔工具进行处理难以获得理想的效果。此时需要进行磨皮处理，让模特的皮肤显得细腻、清晰。

在 Photoshop CS6 中打开一张商品模特图片（"素材文件 \ 项目三 \14.jpg"），该图片主要表现的是口红，但是模特的面部皮肤状况不佳，需要通过磨皮处理进行修复。按【Ctrl+J】组合键复制"背景"图层，得到"图层 1"。单击"滤镜"|"模糊"|"表面模糊"命令，在弹出的"表面模糊"对话框中设置各项参数，然后单击"确定"按钮，如图 3-20 所示。

视频

磨皮

图 3-20　磨皮

　　按住【Alt】键的同时，在"图层"面板下方单击"添加图层蒙版"按钮，为"图层 1"添加黑色的图层蒙版，再使用白色的画笔工具编辑蒙版，即在模特的面部皮肤位置进行涂抹，使磨皮效果只作用于面部皮肤。涂抹完成后，模特的面部皮肤变得光滑、细腻，肤色也更加均匀。

　　"表面模糊"滤镜在保留边缘的同时模糊图像，用于创建特殊效果并消除杂色或粒度。"表面模糊"对话框中的"半径"选项用于指定模糊取样区域的大小，"阈值"选项用于控制相邻像素色调值与中心像素相差多大时才能成为模糊的一部分。

　　在使用"表面模糊"滤镜进行磨皮处理时，可以先在"表面模糊"对话框中设置较小的参数进行尝试，再根据预览效果逐渐调大参数。在编辑图层蒙版时，要随时调整画笔工具的笔触大小，以便更准确地涂抹不同面积大小的皮肤。除了"表面模糊"滤镜外，使用"高斯模糊"滤镜也可以实现类似的磨皮效果。

3. 加深妆容色彩

　　如果想让模特的妆容更艳丽，可以使用"色相 / 饱和度"调整图层。在 Photoshop CS6 中打开一张模特图片（"素材文件 \ 项目三 \15.jpg"），单击"调整"面板中的"色相 / 饱和度"按钮创建调整图层，在"属性"面板中调整各项参数，如图 3-21 所示。

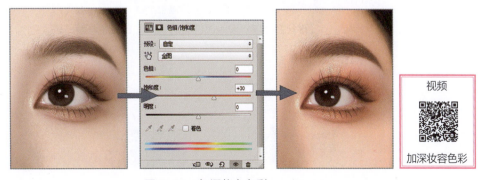

图 3-21　加深妆容色彩

43

↘ 四、调整模特身形

对于服装类商品图片来说，通过模特试穿进行展示能够让买家产生代入感，可以对商品销售起到很好的促进作用。但是，有时模特自身条件、拍摄角度等不佳，会导致展示效果不够理想，这时就需要对模特的身形进行调整，最常见的就是瘦身处理。下面将介绍如何在 Photoshop CS6 中使用"液化"滤镜进行瘦身。

"液化"滤镜用于推拉、旋转、反射、折叠和膨胀图像的任意区域，所产生的变形可以是细微的，也可以是剧烈的，这使其成为修饰图像和创建艺术效果的强大工具，也成为调整模特身形的利器。

视频

调整模特身形

在 Photoshop CS6 中打开一张需要做瘦身处理的服装模特图片（"素材文件\项目三\16.jpg"），单击"滤镜"|"液化"命令，弹出"液化"对话框，在左侧工具箱中选择冻结蒙版工具，在不需要变形的位置进行涂抹（涂抹的位置显示为红色）。再选择向前变形工具，通过单击并拖动鼠标指针的方式调整腰部的线条，然后单击"确定"按钮。用"液化"滤镜进行瘦身的效果如图 3-22 所示。

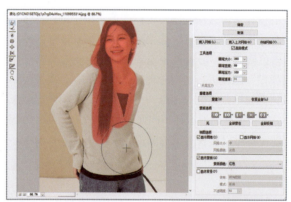

图 3-22　用"液化"滤镜进行瘦身

↘ 五、锐化商品图像

在网店装修中，商品图像的清晰度是最基本、最重要的一个问题。如果商品图像不清晰，那么买家就无法深入了解商品的细节。特别是需要对商品进行局部展示时，图像的清晰度直接关系到展示的效果。

为了让商品的细节更加清晰，需要在 Photoshop CS6 中对商品图像进行锐化处理。锐化处理方法有两种：一是用"USM 锐化"滤镜进行快速锐化；二是用"高反差保留"滤镜进行无杂色锐化。

1. 用"USM 锐化"滤镜快速锐化商品图像

"USM 锐化"滤镜可以调整图像边缘细节的对比度，并在图像边缘的每侧生成一条亮线和一条暗线，使图像整体看上去更加清晰。

打开一张图片（"素材文件\项目三\17.jpg"），单击"滤镜"|"锐化"|"USM 锐化"命令，在弹出的"USM 锐化"对话框中适当调整各项参数，然后单击"确定"按钮。可以看出，锐化后的图像更加清晰，而且凸显了不锈钢锅具的材质，提升了商品图像的品质，可以让买家更加准确地了解商品的外观和材质，如图 3-23 所示。

图 3-23 用"USM 锐化"滤镜锐化商品图像

视频

用"USM 锐化"滤镜快速锐化商品图像

2. 用"高反差保留"滤镜无杂色锐化商品图像

"高反差保留"滤镜可以在有强烈颜色转变发生的地方按指定的半径保留边缘细节，并且不显示图像的其余部分，也就是将图像中颜色、明暗反差较大的两部分的交界处保留下来，如商品图像的轮廓线及模特面部、服装等有明显线条的地方会被保留，而其他大面积无明显明暗变化的地方则生成中灰色，这样图像看上去会更清晰。

对商品图像应用"高反差保留"滤镜，结合"图层"面板中的"线性光"图层混合模式就能对商品图像的细节进行无杂色锐化，避免由于锐化过度而产生影响画质的多余杂色。

视频

用"高反差保留"滤镜无杂色锐化商品图像

打开一张商品图片（"素材文件\项目三\18.jpg"），首先按【Ctrl+J】组合键复制需要锐化的图层，然后选择复制的图层，单击"滤镜"|"其它"|"高反差保留"命令，在弹出的"高反差保留"对话框中适当调整各项参数，单击"确定"按钮。在"图层"面板中设置图层混合模式为"线性光"，在图像窗口中可以看到处理后的羊毛衫图像细节显得更加清晰，如图 3-24 所示。

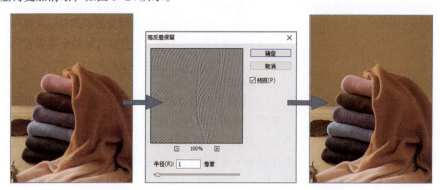

图 3-24　用"高反差保留"滤镜锐化商品图像

任务四　调色——校正有色差的商品图片

在拍摄商品时，受环境光线不理想、数码相机的曝光或白平衡等参数设置不当等因素的影响，拍出的商品图片可能会出现影调不理想或存在偏色等情况，这时就需要网店美工设计人员对其进行后期的调色处理。

一、调整图片的亮度

在商品图片的后期处理中，网店美工设计人员要先观察图片的整体明暗效果，对曝光不准确的图片，要对全图的明暗进行调整，通过提高亮度和增强暗调让图片的曝光趋于正常。在 Photoshop CS6 中可以通过"曝光度""色阶""曲线"等命令调整商品图片的亮度，让其快速恢复正常。

1. 用"曝光度"命令进行二次曝光处理

Photoshop CS6 中的"曝光度"命令是用于控制图片明暗的有力工具，其工作原理是模拟数码相机内部的曝光程序对图片进行二次曝光处理，一般用于调整图片的曝光不足或曝光过度。

打开一张美食图片（"素材文件\项目三\19.jpg"），单击"图像"|"调整"|"曝光度"命令，在弹出的"曝光度"对话框中设置"曝光度""位移""灰度系数校正"等参数，然后单击"确定"按钮，即可看到原本有些暗淡的商品图片变得鲜亮起来，如图 3-25 所示。

视频

用"曝光度"命令进行二次曝光处理

图 3-25 调整曝光度

通过"曝光度"对话框中的"预设"选项可以快速调整图片的曝光度,其下拉列表中包含了常用的预设调整效果,如图 3-26 所示。但是,"预设"的调整只针对"曝光度"一个参数,不会对"位移"和"灰度系数校正"参数产生影响。

图 3-26 曝光度"预设"选项

视频

用"色阶"命令
调整商品图片的
曝光和层次

2. 用"色阶"命令调整商品图片的曝光和层次

在 Photoshop CS6 中打开商品图片后,单击"图像"|"调整"|"色阶"命令,在弹出的"色阶"对话框中可以看到直方图,改变直方图的形状即可改变图片中像素的分布,从而改变商品图片的曝光和层次。

打开一张曝光及层次不理想的商品图片("素材文件 \ 项目三 \20.jpg"),单击"图像"|"调整"|"色阶"命令,弹出"色阶"对话框,在"输入色阶"选项区中对色阶值进行调整:可以单击并拖动直方图下方的黑、白、灰 3 个滑块,直到商品图片恢复正常的曝光效果、层次更加清晰,也可以直接在滑块下方的文本框中输入数值,如图 3-27 所示。

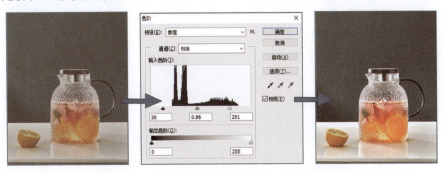

图 3-27 用"色阶"命令调整图片的曝光与层次

47

3. 用"曲线"命令调整不同明暗区域的亮度

"曲线"命令和"色阶"命令一样，都是用来调整图像整体明暗的。不同的是，"色阶"命令只能调整亮部、暗部和中间灰度的明暗，而"曲线"命令是应用不同的曲线形状来控制图像的明暗对比效果的，它可以通过控制曲线中任意一点的位置，在较小的范围内调整图像的明暗，如高光、1/4 色调、中间调、3/4 色调或暗部。

视频

用"曲线"命令
调整不同明暗区
域的亮度

打开一张曝光不足的女装图片（"素材文件 \ 项目三 \21.jpg"），单击"图像"|"调整"|"曲线"命令，在弹出的"曲线"对话框中可以通过单击并拖动鼠标指针来调整曲线的形状。由于原图片画面偏暗，因此单击曲线中间调上的控制点并向上拖动，使画面整体变亮，恢复正常的曝光效果，如图 3–28 所示。

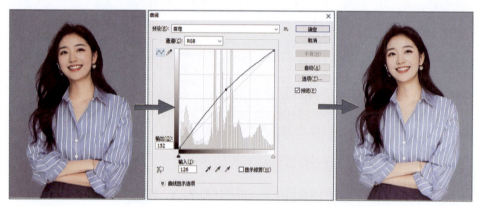

图 3–28　用"曲线"命令调整图片影调

此外，利用"曲线"对话框中的"预设"选项可以快速调整图片的影调。选择"预设"选项后，曲线的形状也会发生相应的变化。

↘ 二、校正商品图片的白平衡

视频

校正商品图片的
白平衡

环境光线的影响或数码相机参数设置不当都会导致拍摄的色彩与人眼看到的色彩不同，这会给买家带来视觉上的误差，甚至引起不必要的误会。因此，在后期处理中必须对商品图片进行色彩校正，让商品图片恢复真实色彩。使用 Photoshop CS6 中的"色彩平衡"命令可以校正图片的白平衡，让商品图片的色彩更真实、更自然。

使用"色彩平衡"命令能够单独对商品图片的高光、中间调或阴影部分进行调整，通过添加过渡色调的相反色来平衡画面的色彩。

打开一张偏色图片（"素材文件 \ 项目三 \22.jpg"），单击"图像"|"调整"|"色彩平衡"命令，在弹出的"色彩平衡"对话框中进行参数设置，然后单击"确定"按钮，如图 3–29 所示。由于原图偏黄，所以需要增强冷色调。在"色彩平衡"选项区中拖动

3 个色条上的滑块（或者直接在"色阶"文本框中输入数值），直到商品图片的色彩接近人眼看到的商品实物效果为止。

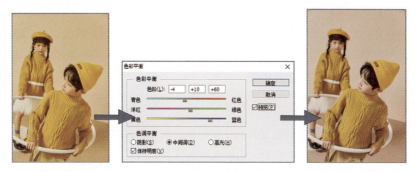

图 3-29　用"色彩平衡"命令调色

根据"色彩平衡"命令的工作原理，可以为商品图片应用暖色调或冷色调，即利用颜色的互补原理平衡图片的色调。在"色彩平衡"对话框的"色彩平衡"选项区中，每个滑块的两端各自对应着一个暖色和一个冷色，向某个颜色的方向拖动滑块，就可以提高画面中对应颜色的比例。例如，要增强画面中的蓝色，就可以将滑块向蓝色方向拖动。

↘ 三、调整商品图片的色调

在商品图片后期处理中，为了凸显网店的风格，可以适当调整图片的色调，让其色彩表现更独特、更符合商品特质。例如，可以为复古风格的商品图片添加淡淡的怀旧色调，为小清新风格的商品图片添加偏黄的色调。

> 视频
>
> 调整商品
> 图片的色调

在 Photoshop CS6 中可以使用"照片滤镜"命令模拟数码相机镜头上安装彩色滤镜的拍摄效果，消除色偏或对图片应用指定的色调。

打开一张正常色调的复古项链图片（"素材文件 \ 项目三 \23.jpg"），可以看到图片中的色调过于平淡，不能营造出特定的氛围。单击"图像"|"调整"|"照片滤镜"命令，在弹出的"照片滤镜"对话框的"滤镜"下拉列表框中选择"加温滤镜（85）"选项，并设置"浓度"为 60%，然后单击"确定"按钮，可以看到画面呈现出复古色调，与商品的造型更加匹配，如图 3-30 所示。

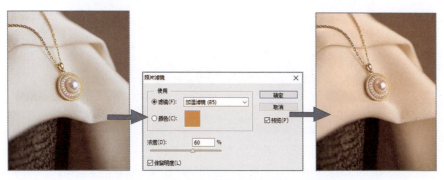

图 3-30　用"照片滤镜"命令调整图片色调

任务五　编辑——美化与修饰商品图像

在对图片进行了基本的处理之后，网店美工设计人员还需要利用图层样式增强特效感、利用图层混合模式制作特殊效果、利用蒙版控制图像显示效果、制作 GIF 动态闪图等。下面将对这些操作进行详细介绍。

↘ 一、利用图层样式增强特效感

Photoshop CS6 提供了各种图层样式，如阴影、发光和斜面等，用来更改图层内容的外观。图层样式与图层内容相链接，当移动或编辑图层内容时，修改的内容中会应用相同的样式。例如，对文本图层应用投影并添加新的文本，就会自动为新文本添加阴影。

通过"图层样式"对话框可以创建或设置图层样式，添加的图层样式会出现在图层的下方。双击样式名称，可以打开"图层样式"对话框（见图 3-31），以便查看或编辑样式的设置。应用图层样式的效果如图 3-32 所示。

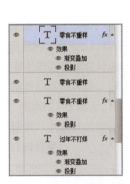

图 3-31　打开"图层样式"对话框

图 3-32　应用图层样式的效果

在"图层样式"对话框中可以编辑应用于图层的样式，或者创建新样式，为同一个图层应用一个或多个图层样式。

- **斜面和浮雕**：对图层添加高光与阴影的各种组合。
- **描边**：用颜色、渐变或图案在图层上描画图像的轮廓，对于硬边形状或文字特别有用。
- **内阴影**：为紧靠图层内容的边缘添加阴影，使其产生凹陷效果。
- **外发光、内发光**：为图层内容的内边缘或外边缘添加发光效果。
- **光泽**：应用创建光滑光泽的内部阴影。
- **颜色、渐变和图案叠加**：使用颜色、渐变或图案填充图层内容。
- **投影**：在图层内容的后面添加阴影。

如果图层中包含图层样式，那么"图层"面板中的图层名称右侧将显示 *fx* 图标。若要隐藏或显示图像中的所有图层样式，则可通过单击"效果"前面的眼睛图标 👁 进行控制，如图 3-33 所示。

图 3-33　控制图层样式的显示

复制和粘贴图层样式是对多个图层应用相同效果的便捷方法：用鼠标右键单击某个图层，选择"拷贝图层样式"命令，再从"图层"面板中选择目标图层并用鼠标右键单击，选择"粘贴图层样式"命令，即可用粘贴的图层样式替换目标图层上的原有图层样式，如图 3-34、图 3-35 所示。

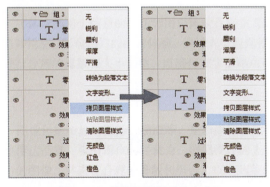

图 3-34　替换图层样式的命令

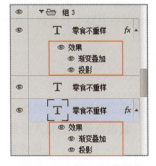

图 3-35　替换图层样式

↘ 二、利用图层混合模式制作特殊效果

通过调整图层混合模式可以对图像的颜色进行相加或相减，从而制作出特殊效果。Photoshop CS6 中包含了多种类型的图层混合模式，包括组合型混合模式、加深型混合模式、减淡型混合模式、对比型混合模式、比较型混合模式和色彩型混合模式。根据不同的视觉需要，可以应用不同的混合模式。单击"图层"面板中图层混合模式下拉列表框

右侧的 ⇕ 按钮，就会弹出图层混合模式菜单，如图 3-36 所示。

- **组合型混合模式**：包含"正常"和"溶解"，默认情况下图层的混合模式都为"正常"。
- **加深型混合模式**：包含"变暗""正片叠底""颜色加深""线性加深"和"深色"，可以将当前图像与底层图像进行加深混合，将底层图像变暗。
- **减淡型混合模式**：包含"变亮""滤色""颜色减淡""线性减淡（添加）"和"浅色"，可以使当前图像中的黑色消失。
- **对比型混合模式**：包含"叠加""柔光""强光""亮光""线性光""点光"和"实色混合"，可以让图层混合后的图像产生更强烈的对比性效果，使图像暗部变得更暗，亮部变得更亮。
- **比较型混合模式**：包含"差值""排除""减去"和"划分"，可以通过比较当前图像与底层图像将相同的区域显示为黑色、不同的区域显示为灰度或彩色。
- **色彩型混合模式**：包含"色相""饱和度""颜色"和"明度"，通过将色彩三要素中的一种或两种应用到图像中混合图层色彩。

添加光效素材后的画面效果，如图 3-37 所示。当对光效素材所在图层应用"线性减淡（添加）"混合模式进行设置后，可以看到光效素材背景中的黑色部分消失，得到了很好的融合效果，如图 3-38 所示。

图 3-36　图层混合模式菜单

图 3-37　添加光效素材

图 3-38 设置图层混合模式

需要注意的是，图层混合模式与形状工具选项栏中的混合模式不同，图层混合模式中没有"清除"混合模式。Lab 颜色模式的图片不能使用"颜色减淡""颜色加深""变暗""变亮""差值""排除""减去"和"划分"混合模式。

↘ 三、利用蒙版控制图像显示效果

蒙版用于控制图层的显示区域，但并不参与图层的操作，蒙版与图层是息息相关的。在 Photoshop CS6 中进行网店装修时，使用蒙版可以保持画面局部的图像不变，对处理区域的图像进行单独的色调和影调的编辑，被蒙版遮盖起来的部分则不会发生改变，蒙版通常用于对商品图片进行抠取、编辑局部色调和影调等操作。

视频

利用蒙版控制
图像显示效果

打开"素材文件 \ 项目三 \24.jpg"，使用选区工具创建选区之后，接着单击"添加图层蒙版"按钮 ，即可在图层蒙版中看到创建的选区，而所创建的图层蒙版与选区的范围有关，如图 3-39 所示。

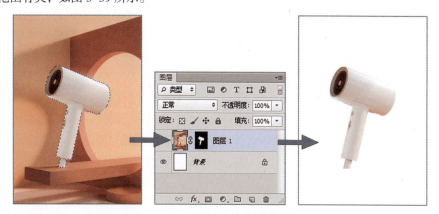

图 3-39 创建选区后添加图层蒙版

为创建的选区添加图层蒙版后，可以通过双击"图层"面板中的蒙版缩览图打开"蒙版"属性面板。"蒙版"属性面板中显示了当前蒙版的"浓度""羽化"等选项，可以对这些选项的参数进行设置并同时应用到蒙版中，如图 3-40 所示。

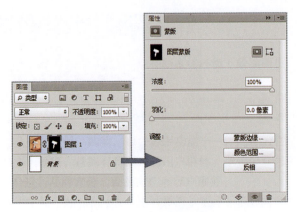

图 3-40　设置蒙版选项

　　除了创建选区后添加图层蒙版外，还可以使用绘图工具（如画笔工具和渐变工具）对蒙版的效果进行调整。使用画笔工具可以直接在选中的图层蒙版上进行涂抹，根据前景色的不同，其涂抹后的效果也有所不同；使用渐变工具可以在图层蒙版中快速创建一个带有渐隐效果的灰度图像，其中黑色的蒙版区域会被隐藏，白色的蒙版区域会被显示，灰色的蒙版区域会以半透明的方式显示。

↘ 四、制作 GIF 动态闪图

视频

制作GIF
动态闪图

　　为了能够全方位地展示网店商品，达到吸引买家眼球的目的，一些网店往往会添加一些动态闪图，也就是 GIF 格式的动态图像。下面将介绍制作 GIF 动态闪图的具体操作方法。

步骤 01　在 Photoshop CS6 中单击"文件"|"脚本"|"将文件载入堆栈"命令，弹出"载入图层"对话框，在"使用"下拉列表框中选择"文件"选项，单击"浏览"按钮，在弹出的对话框中选择要导入的图片，单击"确定"按钮，如图 3-41 所示。

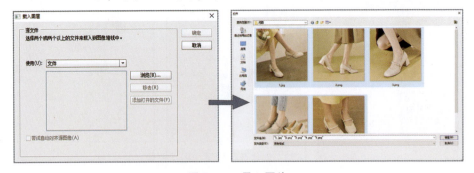

图 3-41　导入图片

步骤 02　单击"窗口"|"时间轴"命令，打开"时间轴"面板，单击"创建帧动画"按钮，在"时间轴"上创建 1 个帧动画，如图 3-42 所示。

步骤 03　单击"时间轴"面板右上角的■按钮，选择"从图层建立帧"选项，将导入的图片创建为帧动画，在"时间轴"中即可看到各图层帧，如图 3-43 所示。

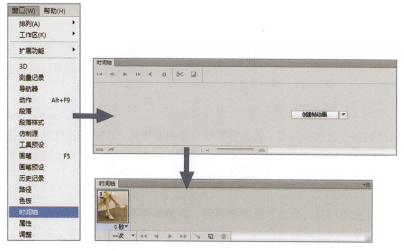

图 3-42 打开时间轴并创建帧动画

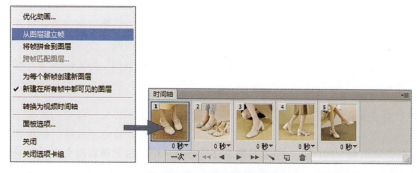

图 3-43 从图层建立帧

步骤 04 在"时间轴"面板中根据需要调整各图层帧的先后次序，选择全部帧，并设置图片的延迟时间，在此设置为 0.5 秒，设置循环类型为"永远"，如图 3-44 所示。

图 3-44 设置延迟时间及循环类型

步骤 05 单击"文件"|"存储为 Web 所用格式"命令，在弹出的对话框中选择

GIF 文件格式，然后单击"存储"按钮，如图 3-45 所示，即可完成 GIF 动态闪图的制作。

图 3-45 存储 GIF 动态闪图

任务六 文字——商品信息辅助说明

文字是视觉传达的重要组成部分，是图像和色彩之外的又一视觉构成要素，所以在完成商品图片的美化与修饰之后，为了让买家了解更多的商品信息，网店美工设计人员通常需要在页面中适当地添加文字。Photoshop CS6 除了具有强大的图像处理功能外，还具备一定的文字编排功能，利用它能够轻松地制作出满足网店装修需要的文字效果。

一、添加文字并设置格式

视频

添加文字
并设置格式

在网店装修的文字编辑工作中，为处理好的商品图片添加文字是第一个步骤。添加文字后，还需要对文字的字体、字号、字间距和颜色等进行调整，使文字的外形和色彩符合当前页面的风格，能够准确地传达出商品的信息。

在 Photoshop CS6 中打开一张已经处理好的商品图片（"素材文件\项目三\25.jpg"），选择横排文字工具，在需要添加文字的地方单击，当显示出闪烁的插入点时即可输入文字。选中输入的文字，单击"窗口"|"字符"命令，打开"字符"面板，在其中对文字的相关属性进行设置，并使用移动工具适当调整文字的位置，即可完成文字的添加操作，如图 3-46 所示。

除了使用横排文字工具为页面添加横排文字以外，还可以使用直排文字工具添加竖排文字，这两个工具的使用方法相似。若要创建段落文字，则可使用文字工具在图像窗口中单击并拖动文本框后再输入文字，如图 3-47 所示。

创建文字后，"图层"面板中会自动添加相应的文字图层，可以随时对文字图层中的文字进行编辑、修改，也可以对文字图层应用图层相关的命令。需要注意的是，在对文字图层进行栅格化处理之后，矢量的文字轮廓会被转换为像素，也就不能作为文字进行编辑了。

图 3-46　添加文字

图 3-47　添加段落文字

↘ 二、制作创意标题文字

为了让文字的表现主次分明，我们可以通过改变字体、字号和颜色等来突出重要的标题文字。有时为了营造特定的氛围，需要让标题文字看起来更有新意，仅通过变换字体等格式是无法实现的，此时可以通过两种方法对标题文字进行艺术化设计：一是通过为文字添加图层样式来丰富视觉表现；二是对文字外观进行重新设计，制作出艺术化的文字效果。

1. 使用"图层样式"对文字进行修饰

使用图层样式对文字进行修饰，可以随时调整参数，并且不会影响文字本身的属性。图 3-48 所示标题文字使用"渐变叠加"和"投影"图层样式进行了修饰，文字的表现更为丰富，达到了很好的宣传效果。

图 3-48 使用图层样式对标题文字进行修饰

2. 文字外观的艺术化设计

文字外观的艺术化设计是指通过使用矢量图形工具重新绘制文字、在文字上添加修饰形状等方式来制作文字。图 3-49 所示的"年终好价节"标题文字就是在原文字的基础上使用矢量图形工具绘制出来的，并为文字添加了修饰形状，让其更具层次感。

图 3-49 文字外观的艺术化设计

三、编排段落文字

现代人的生活节奏越来越快，很多人利用碎片化时间进行网购，对大段的文字往往缺乏阅读的耐心。为了更好地调动买家的阅读兴趣，除了让文字的内容更加凝练外，还可以对大段文字进行艺术化的编排设计，以增强文字信息的视觉传达效果。

图 3-50 所示的图片除了根据版面布局对段落文字的对齐方式、行间距等进行调整以外，还对段落文字的字体、字号进行了精心搭配，使段落文字的主次更加分明，提升了文字的阅读体验，避免了大段文字给买家造成的阅读障碍，有效地增强了买家的阅读

兴趣。

图 3-50　对段落文字进行艺术化编排

项目实训：为商品图片去除水印并调色

　　打开"素材文件 \ 项目三 \ 项目实训"，结合本项目所学的去除水印的方法为女鞋商品图片去除水印并进行校正调色，使其恢复正常色调，效果如图 3-51 所示。

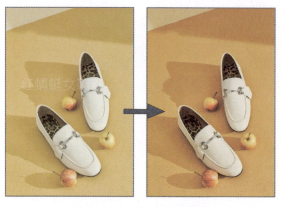

视频

项目实训

图 3-51　去除水印并调色

技能拓展：使用AIGC工具美图设计室智能去除衣服褶皱

　　在拍摄服装类图片的过程中，难免会遇到服装表面出现褶皱的情况，这些褶皱在很大程度上会削弱图片的整体美观度和服装的展示效果。使用美图设计室的"服装去皱"功能，不仅可以快速地对图片中的服装进行去皱处理，还能较好地保留服装的细节，如服装的图案、纹理、装饰等。

　　打开美图设计室网站并登录账号，单击左侧工具栏中的"AI工具"按钮，再单击"AI商拍"分类下的"服装去皱"选项，进入"服装去皱"页面，打开一张模特图片（"素材文件＼项目三＼技能拓展"），设置"去皱程度"为100，如图3-52所示。完成去皱操作后，可以看到服装的纹理和细节得到保留，图片看起来自然、真实，对比效果如图3-53所示。

图3-52　设置"去皱程度"参数

图3-53　服装去皱前后对比

课后练习

1. 试采用不同的抠图方法对如图3-54所示的商品图像进行抠图。

图3-54　抠图

2. 试对如图 3-55 所示的两张商品图片进行校正调色，使其恢复正常色调。

图 3-55　校正调色

项目四
店标与店招设计

➡️ **知识目标**

- 了解网店店标的设计形态和类型。
- 掌握网店店标的设计方法。
- 了解店招与导航的设计思路。
- 掌握网店店招与导航的设计方法

➡️ **能力目标**

- 能够通过添加修饰元素、图层样式等方式对店招进行修饰。
- 能够根据商品图片及网店风格确定店标和店招的风格及配色。
- 能够根据需要设计网店店标、店招和导航。

➡️ **素养目标**

- 培养抽象思维，在店标与店招设计中充分发挥想象力。
- 在设计中懂得取舍，主次分明方能凸显核心价值。

　　店标与店招位于网店首页的最顶端，是买家进入网店首页后看到的第一个模块，所以是网店首页设计的重中之重。它们的主要作用是向买家展示网店的店名、所售的商品等，并提供访问网店各个功能模块的快速通道。本项目将重点介绍店标与店招的设计方法与技巧。

任务一 初识网店店标

店标作为一个非常重要的网店视觉标志，有着非常重要的传播作用，这意味着店标作为一个固定标志会长期、反复地出现在各种场合，代表着网店的形象，传达出经营内容和更多与营销有关的信息。因此，店标的设计要尽可能地做到吸引买家的眼球。在设计之前，可以在网上搜索不同类目的网店，看看它们的店标都是什么样的，以此作为借鉴和参考。

一、店标的设计形态

从设计的表达形态来看，店标可以分为以下几种。

1. 中文型店标

中文型店标主要由文字单独构成，如图 4-1 所示，适用于多种传播方式，最大的优点是一目了然，好辨识也好记忆。

图 4-1 中文型店标

中文型店标特别要注意文字的精简和信息的传达。店标的尺寸大小有限，最好能够把文字展示清楚且醒目，若给予太多的信息反而会让传达效果大打折扣。

2. 非中文型店标

英文字母会给人一种很酷的感觉，能够给人留下深刻的印象。如果选择非中文型店标，特别要注意网店所售商品的范围和风格是否和店标给人的感觉贴近。同样，因为英文标志不好理解，所以应以简单和强烈的视觉冲击力为主。至于颜色搭配，也应以冲击力强的对比色搭配为主，如图 4-2 所示。

图 4-2 非中文型店标

3. 图文结合型店标

图文结合型店标就是图形与文字相结合的店标形式，如图 4-3 所示。用图形作为店标的话，如果不带上店名或品牌名，给人留下的记忆是比较有限的，而带上文字后会更直观。这种店标既具有图形化的视觉冲击力，又能清楚地传达网店品牌信息，所以应用得非常广泛。

图4-3　图文结合型店标

总之，每种设计都有其优势和劣势，卖家在选择设计形态时，可以根据自己网店的优势与特征采用合适的设计形态来进行表现。

↘ 二、不同行业的店标设计

在设计店标时，不同的行业和类目，针对不同的消费者和不同的营销目的，会有一些设计上的共性和个性，下面将通过举例进行介绍。

1. 柔美型店标

针对女性的行业和类目的店标为了突出柔美、温柔的女人味，在字体上可以选择能体现圆润感觉的圆角字体，或者能够体现女性身段纤细、高挑感觉的字体。此外，把字体做一些变形处理，可以让线条的弧度显得比较女性化。颜色的选择也可以女性化颜色为主，如粉色、红色、紫色，如图4-4所示。

图4-4　柔美型店标

2. 阳刚型店标

针对男性的行业和类目的店标在字体风格上要更加刚硬一些，字的棱角也要硬一些，体现出力量感。阳刚型店标在颜色上多以黑、白、灰为主，也有用深蓝色的，如图4-5所示。

图4-5　阳刚型店标

3. 可爱型店标

针对婴幼儿行业和类目的店标，在图形的设计上会偏向于简单的线条和明快的色彩，小动物元素用得较多，如图 4-6 所示。

图 4-6 可爱型店标

任务二 课堂案例：童装网店店标设计

下面通过一个网店店标设计案例来介绍网店店标的设计流程。在设计网店店标前，首先要与客户或领导进行沟通。对网店店标设计来说，沟通是极为重要的，因为这样可以大大提高工作效率。在本案例中，童装网店名称是"萌小熊"，主营项目是童装，希望从店标上体现出网店的风格。

视频

童装网店
店标设计

一、设计理念

● 经过分析和构思，首先想到的是用可爱小熊的图像来表现，所以第一步就是利用 AIGC 工具豆包的"图像生成"功能生成一些卡通小熊图像。

● 整体以橘色为主，橘色在暖色中明度高，有着较强的视觉吸引力，并且寓意着明亮、活泼、温暖。

● 在 Logo 下方添加黑灰色店标文字，直接点明品牌名称和业务范围，使消费者能够迅速理解品牌的属性和定位。

二、技术要点

● 使用豆包的"图像生成"功能生成店标中的主体部分。

● 使用 Photoshop CS6 中的魔棒工具和钢笔工具抠取 Logo 图形。

● 使用圆润的字体作为店标文字。

三、实操演练

步骤 01 打开豆包网页并登录账号，在页面左侧单击"图像生成"按钮，在对话框中输入提示词，在此输入"可爱小熊卡通 Logo，简笔画线条，橘色"，设置比例为"1：1"、图片风格为"儿童绘画"，单击"发送"按钮，如图 4-7 所示。

步骤 02 在 AI 生成的 4 张图片中选择最合适的一张，单击"下载原图"按钮下载图片，如图 4-8 所示。

步骤 03 在 Photoshop CS6 中单击"文件"|"新建"命令，在弹出的"新建"对话框中设置各项参数，然后单击"确定"按钮，如图 4-9 所示。

图 4-7　输入生成图片提示词

图 4-8　单击"下载原图"按钮

图 4-9　新建图像文件

步骤 **04** 打开生成的小熊图像，使用魔棒工具单击背景部分，抠出小熊图形。将其导入图像窗口中，按【Ctrl+T】组合键调出变换框，适当调整图形的大小，如图 4-10 所示。

步骤 **05** 选择钢笔工具，绘制一个不规则形状。按【Ctrl+Enter】组合键将路径转化为选区，按【Delete】键删除选区内的图像，如图 4-11 所示。

图 4-10　抠出并调整小熊图形

图 4-11　删除选区内的图像

步骤 06 选择横排文字工具，输入文字"萌小熊童装"，然后打开"字符"面板，设置文字的各项参数，其中字体颜色为 RGB（70，67，68），如图 4-12 所示。

图 4-12　输入文字

步骤 07 继续输入修饰文字"BEARBABY"，然后调整文字的位置，最终效果如图 4-13 所示。

图 4-13　添加修饰文字

任务三　初识店招与导航及其设计思路

店招其实就是网店的招牌。从品牌推广角度来看，要想在整个网店中让店招变得便于记忆，设计的店招需要具备新颖、易于传播、便于记忆等特点。导航是网店商品详情页的指引牌，主要表现的是网店商品的分类。

一、认识店招与导航

店招和导航位于网店的顶端，成功的店招通常采用标准的颜色和字体、简洁的设计版面。此外，店招一般包含精练、吸引力强的广告语，画面还要具备强烈的视觉冲击力，清晰地告诉买家网店在卖什么，而且通过店招也可以对网店装修的风格进行定位，如图4-14 所示。

在店招中添加店铺名称，同时使用具有代表性的图片来暗示店铺的销售内容，并通过店招和导航的色彩来确定整个网店的装修风格和色彩

图 4-14　店招与导航

以淘宝网为例，目前其店招的尺寸分为两种：一种宽度是 950 像素，另一种宽度是1920 像素，这与网店所属的旺铺版本有关。基础版旺铺的店招高度是 120 像素，宽度是950 像素；智能版旺铺的店招是全屏的效果，高度是 120 像素，宽度是 1920 像素。

为了让店招有特点且便于记忆，网店美工设计人员在设计过程中会采用简短、醒目的广告语等辅助内容，并通过适当的配图来增强网店的辨识度。店招所包含的主要内容包括网店 Logo、网店名称、简短的广告语和广告商品等，如图 4-15 所示。

图 4-15　店招包含的内容

在进行店招与导航的设计过程中，并不是要将所有的内容都展示出来。在大部分店招设计中，网店的名称往往会进行重点展示，而其他元素可以适当省略。这样的设计不仅能让网店名称更加直观，还有利于树立网店的形象。

↘ 二、店招与导航的设计思路

店招好比网店的脸面，对网店的宣传起着非常重要的作用。在设计店招时，要更多地从留住买家的角度来考虑。图 4-16 所示的茶叶网店店招与导航的设计中，使用了与网店商品风格一致的色彩和图片，营造出一种高档、专业的氛围，能够吸引追求品质生活的买家，符合"龙井传承世家"的品牌定位。

图 4-16 茶叶网店店招与导航

此网店以销售茶叶为主，为使画面主次分明，设计时选用了代表自然与健康的绿色，并搭配具有突出表现力的金色。同时，书法字体和传统风格 Logo 的使用也是设计的亮点，这使得店招的整体效果颇具古典韵味。

图 4-17 所示为小家电网店的店招和导航。橘红色象征着太阳的色彩，使用橘红色能够让色彩与商品的特点更加吻合。为了凸显网店的品质感，让买家给予网店更多的信任，其在店招设计中还使用了不同的字体及颜色等，以此打造精致的视觉效果。

图 4-17 小家电网店店招与导航

任务四 课堂案例：美妆网店店招与导航设计

美妆商品通常会使用高明度的色彩来进行表现，根据这一特点，本案例使用了多种高明度的色彩来营造浪漫、梦幻的画面效果，如图 4-18 所示。画面中搭配了外形柔美且富有辨识度的 Logo，同时使用红色和金色对比鲜明的装饰素材，突出了促销信息，使整个画面充满灵动感。

视频

美妆网店店招与
导航设计

图 4-18 美妆网店店招与导航设计效果

↘ 一、设计理念

● 以粉色为主，使用明度较高的几种色彩来修饰画面，让店铺形象更加柔美、梦幻。

● 使用红色和金色的装饰素材作为优惠券和促销产品背景，营造出漂亮、灵动的视觉效果。

● 利用分布得当的文字对促销内容进行点缀，使整个画面风格更加统一。

↘ 二、技术要点

● 使用 AIGC 工具通义万相的"文字作画"功能生成店招背景图。

● 使用素材制作店招中所需的背景和修饰元素，通过 Photoshop CS6 中的图层混合模式和不透明度来调整编辑的效果。

● 使用 Photoshop CS6 中的图层样式为店招文本添加内阴影、渐变叠加、外发光和投影效果。

↘ 三、实操演练

步骤01 打开通义万相网站，在页面左侧单击"文字作画"按钮，选择"万相1.0 通用"选项，在文本框中输入提示词，在此输入"简约电商海报背景，粉色，柔美，梦幻，空灵柔和且带有模糊光晕"，设置比例为"16：9"，然后单击"生成画作"按钮，如图 4-19 所示。

图 4-19　输入提示词并设置比例

步骤02 选择需要的背景图，单击页面下方的"高清放大"按钮，如图 4-20 所示。若对当前效果不满意，可以连续单击右上角的"再次生成"按钮，以生成更多的背景图。

步骤03 选择高清放大后的背景图，单击"下载"按钮下载图片，如图 4-21 所示。

图 4-20 单击"高清放大"按钮

图 4-21 单击"下载"按钮

步骤 04 打开 Photoshop CS6 软件，单击"文件"|"新建"命令，在弹出的对话框中设置图像大小为 950 像素 × 150 像素、背景色为白色，然后单击"确定"按钮，如图 4-22 所示。

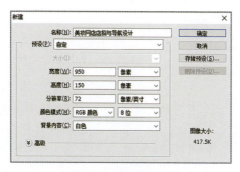

图 4-22 新建图像文件

步骤 05 打开背景图，将其导入图像窗口中，按【Ctrl+T】组合键调出变换框，适当调整图形的大小，使其作为店招背景铺满整个图像窗口。单击"视图"|"新建参考线"命令，在弹出的对话框中设置取向为"水平"、位置为"120 像素"，然后单击"确定"按钮，如图 4-23 所示。

图 4-23　导入背景图

步骤 06 选择矩形工具，绘制一个矩形作为导航的背景，并填充颜色为 RGB（246，171，178），在"图层"面板中设置图层混合模式为"正片叠底"，如图 4-24 所示。

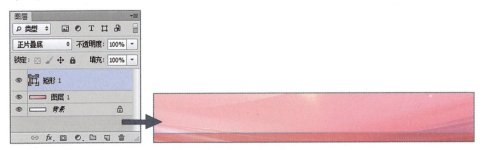

图 4-24　设置图层混合模式

步骤 07 打开"素材文件 \ 项目四 \ 美妆网店店招与导航设计 \02.png、03.png"，将 Logo 和优惠券背景素材导入图像窗口中，并按【Ctrl+T】组合键调出变换框，适当调整其大小和位置，如图 4-25 所示。

图 4-25　导入修饰素材

步骤 08 使用横排文字工具在店招上方输入文字，并在"字符"面板中分别设置店铺名称和广告语的文字属性，其中字体颜色分别为 RGB（236，89，83）和 RGB（226，51，45），如图 4-26 所示。

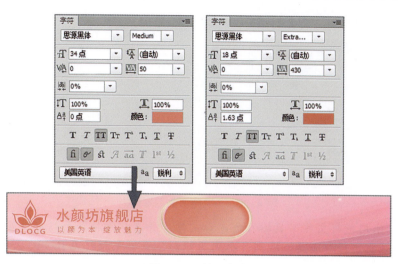

图 4-26 输入文字

步骤 09 在"图层"面板中选中"图层 2",单击"图层"|"图层样式"|"内阴影"命令,在弹出的对话框中设置各项参数,然后单击"确定"按钮,如图 4-27 所示。

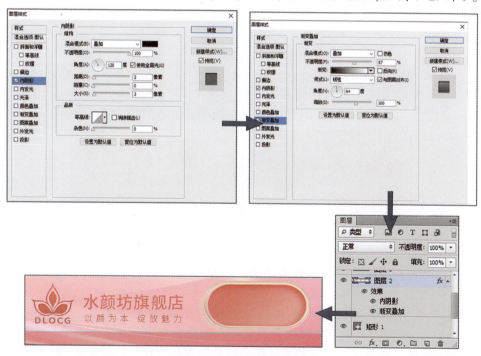

图 4-27 添加图层样式

步骤 10 用鼠标右键单击"图层 2",选择"拷贝图层样式"命令,然后选中店铺名称和广告语文本图层并用鼠标右键单击,选择"粘贴图层样式"命令,为文字添加内阴影和渐变叠加效果，如图 4-28 所示。

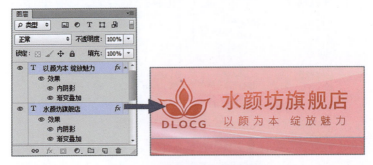

图 4-28　为文字添加图层样式

步骤 ⑪　使用横排文字工具输入优惠券文字，并在"字符"面板中设置文字属性。选择圆角矩形工具，绘制一个圆角矩形，并填充颜色为 RGB（228，56，52），如图 4-29 所示。

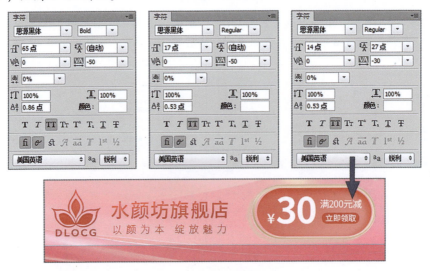

图 4-29　输入优惠券文字

步骤 ⑫　在"图层"面板下方单击"添加图层样式"按钮 fx，选择"内阴影"选项，在弹出的对话框中设置各项参数，其中外发光颜色为 RGB（255，224，220），然后单击"确定"按钮，如图 4-30 所示。

步骤 ⑬　打开"素材文件\项目四\美妆网店店招与导航设计\04.png～06.png"，分别将新品特惠模块各图案导入图像窗口中，按【Ctrl+T】组合键调出变换框，调整其大小与位置。在"图层"面板中设置"图层 4"的图层混合模式为"滤色"、不透明度为 60%，如图 4-31 所示。

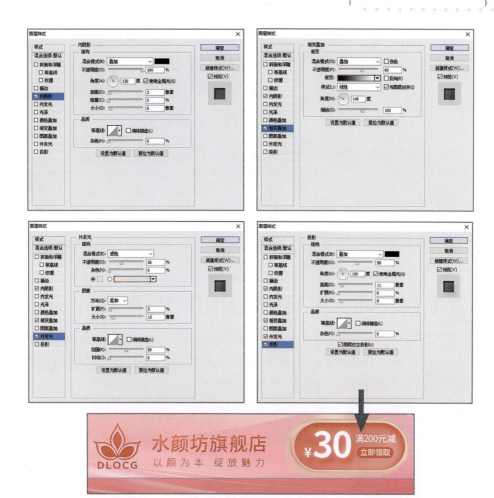

图 4-30　添加图层样式

图 4-31　添加新品特惠模块

步骤 ⑭ 使用横排文字工具输入促销文字和导航文字，并在"字符"面板中设置文字属性。按【Ctrl+J】组合键复制"圆角矩形 1"图层，适当调整它们和背景图的位置，即可完成本案例的制作，最终效果如图 4-32 所示。

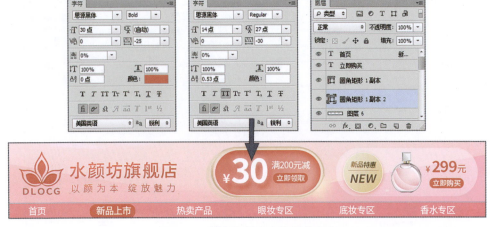

图 4-32　输入促销文字和导航文字

项目实训：家具网店店招与导航设计

视频

项目实训

打开"素材文件\项目四\项目实训"，利用提供的素材为家具网店设计店招与导航，参照店铺所售的家具风格进行配色，以营造高档、专业的氛围，如图 4-33 所示。

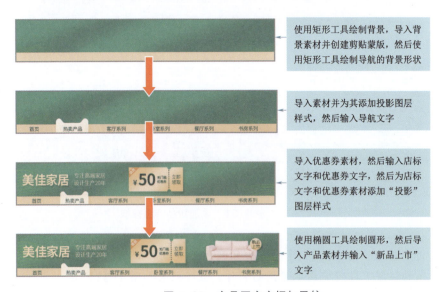

使用矩形工具绘制背景，导入背景素材并创建剪贴蒙版，然后使用矩形工具绘制导航的背景形状

导入素材并为其添加投影图层样式，然后输入导航文字

导入优惠券素材，然后输入店标文字和优惠券文字，然后为店标文字和优惠券素材添加"投影"图层样式

使用椭圆工具绘制圆形，然后导入产品素材并输入"新品上市"文字

图 4-33　家具网店店招与导航

技能拓展：利用AIGC工具通义万相生成商品图

在网店店招或海报设计领域，背景素材的获取途径主要分为传统方式与借助 AIGC 工具这两类。

传统的背景素材获取方式可能依赖于现有的图片素材库或人工拍摄，这往往会受到素材数量和创意风格的限制。与之相比，AIGC 工具在背景素材生成方面展现出了独特的优势。以通义万相的"文字作画"功能为例，它能依据输入的各类提示词，生成数量无限且样式多样的背景图案与场景，从而为网店店招或海报设计开拓出全新且独特的创意方向，有力地打破了常规思维所带来的局限。

视频

技能拓展

在使用通义万相的"文字作画"功能时，可以按照特定的结构输入提示词，其中包括以下 3 个部分。

主体：主体是图片内容的主要表现对象，可以是人、动物、植物、物品或非物理真实存在的想象之物。

场景：场景是主体所处的环境，包括室内或室外、季节、天气、光线等，可以是真实存在的物理空间或想象出来的虚构场景。

风格：选择或定义图像的艺术风格，如写实、抽象等，有助于模型生成具有特定视觉效果的图像。

例如，在文本框中输入提示词"浅琥珀色透明玻璃水壶，在厨房的餐桌上，自然光，工业设计风格，真实拍摄"，设置"比例"为 3：4，然后单击"生成画作"按钮即可生成商品图，如图 4-34 所示。

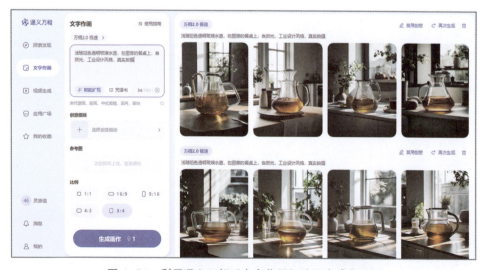

图 4-34 利用通义万相"文字作画"功能生成商品图

课后练习

以不同款式的鞋子图片为素材，设计一个鞋类网店的店招与导航，其中包含网店名称、"收藏本店"按钮、广告商品和导航，色彩搭配以紫色为主，突出青春、时尚的风格，最终效果如图 4-35 所示。

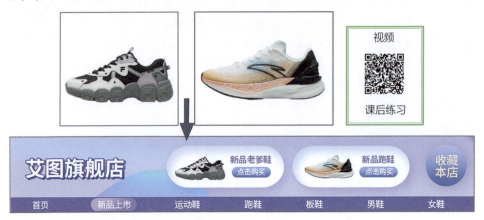

图 4-35　鞋类网店店招与导航

项目五
全屏轮播区和商品陈列区设计

 **知识目标**

- 了解网店全屏轮播区的样式与设计思路。
- 掌握商品展示图片的排列设计类型和 F 形浏览模式。
- 了解商品陈列区常见的布局方式。

 **能力目标**

- 能够通过添加修饰元素、图层样式等方式对全屏轮播区进行修饰。
- 能够根据不同的节日氛围制作合适的全屏轮播区。
- 能够根据需要制作当季热卖商品陈列区。

 **素养目标**

- 遵循规律，科学设计，把用户需求放在首位。
- 树立创新意识，主动进行设计创新。

　　全屏轮播区和商品陈列区模块占据的面积较大，也是整个网店首页中非常醒目、非常具有视觉冲击力的部分。如果全屏轮播区和商品陈列区做得非常吸引眼球，就会给网店带来很多流量；如果设计得很普通，就会给网店的转化率造成很大的影响。本项目将介绍全屏轮播区和商品陈列区的设计方法与技巧。

任务一　初识全屏轮播区及其设计思路

在实体店中，商家会通过张贴活动海报，展示新品上架、折扣信息等内容的方式来告知买家店铺的最新动态。网店受平台的限制不能通过张贴活动海报的方式来实现信息的传递，而是利用全屏轮播区的设计来代替活动海报的功能。下面将对全屏轮播区及其设计思路进行简要介绍。

↘ 一、认识全屏轮播区

网店的全屏轮播区主要用于告知买家网店在某个时间段有广告商品或促销活动，其位于网店导航的下方位置，如图 5-1 所示。它的主要作用就是告知买家网店在某个特定时间段的一些动态信息，帮助买家快速了解网店的活动或商品信息。

京东店铺中的全屏轮播区

图 5-1　全屏轮播区

在设计全屏轮播区时，一般情况下宽度应大于或等于 750 像素。如果为不同的电商平台上的网店设计全屏轮播区，如淘宝网、京东等，或者使用不同的网店装修模板，其尺寸要求也是有所差异的。

全屏轮播区根据内容可以分为新品上架、网店动态、活动促销等，不同的内容其设计的重点是不同的。例如，以新品上架为主要内容的全屏轮播区，在设计时主要以最新的商品形象为表现对象，配色上可以参照商品的颜色进行同类色搭配，也可以网店的店招颜色为基础色来进行协调色搭配。

除了从图片内容及颜色上进行考虑以外，全屏轮播区中的文字表现也是相当重要的一个方面。通常情况下会使用字号较大的文字来突出主要信息，同时搭配字号较小的文字来进行补充说明，并利用文字之间的组合编排来突出艺术感，如图 5-2 所示。

图 5-2　全屏轮播区中的文字表现

↘ 二、全屏轮播区的设计思路

全屏轮播区犹如卖家的外在形象一样，在设计时用来搭配的图片不能太复杂，这样才能突出主题。同时，要采用符合网店商品形象的文字，以避免产生凌乱的感觉。图 5-3 所示为新品上架和活动促销全屏轮播区的案例效果及配色。

将文字放在画面的右侧位置，突出其内容信息。把商品放在画面的左侧，加上协调的色彩搭配，营造出精致、时尚的氛围，重点表现商品的形象

对文字进行艺术化的编排，通过变形文字来增强文字的可读感和艺术性；背景中的图像以辅助修饰的方式呈现，使主题文字更加突出

图 5-3　新品上架和活动促销全屏轮播区案例效果及配色

任务二　课堂案例：节日主题的全屏轮播区设计

端午节是中国的传统节日之一，本案例中所制作的全屏轮播区就是为端午节设计的，如图 5-4 所示。画面中使用了山水、祥云、荷花等中国传统元素，这些元素不仅与茶叶产品的天然、健康属性相契合，还让海报充满了浓厚的文化气息。同时，清新的色

彩搭配和新颖的图案设计也为海报增添了一份现代感和时尚感，使得整个画面既保留了传统的韵味，又不失活力。

视频

节日主题的全屏轮播区设计

图 5-4　端午节主题的全屏轮播区

一、设计理念

● 在色彩搭配上，使用不同明度的绿色和橙色，营造出一种清新、自然的感觉。

● 使用国潮风山水、祥云、荷花的形象来代表端午节，映射出端午节的文化内涵与自然之美，由此准确地表达出活动的主题。

● 海报的文字设计采用艺术化的处理方式，既可以传达出活动的主题和信息，又与海报的整体风格相统一。

二、技术要点

● 利用 AIGC 工具豆包的"图像生成"功能生成国潮风山水背景图。

● 导入背景图、祥云、彩带等素材衬托全屏轮播图主题。

● 输入文字并对其进行变形，使其更有设计感。

三、实操演练

步骤 01　打开豆包网页并登录账号，在页面下方单击"图像生成"按钮 🖼，在对话框中输入提示词，在此输入"海报背景,水墨画为背景,山峦云雾,绿色国潮风"，设置比例为"16 ：9"，然后单击"发送"按钮 🔼，如图 5-5 所示。

图 5-5　输入生成图片提示词

步骤02 在由 AI 生成的 4 张图片中选择最合适的一张，单击"下载原图"按钮↓下载图片，如图 5-6 所示。

图 5-6　单击"下载原图"按钮

步骤03 打开 Photoshop CS6 软件，单击"文件"|"新建"命令，在弹出的"新建"对话框中设置图像大小为 1920 像素 ×900 像素、背景色为白色，然后单击"确定"按钮，如图 5-7 所示。

图 5-7　新建空白文件

步骤04 打开"素材文件 \ 项目五 \ 节日主题的全屏轮播区设计 \01.png"，将其导入图像窗口中作为背景，按【Ctrl+T】组合键调出变换框，适当调整其大小与位置，效果如图 5-8 所示。

图 5-8　导入背景素材

步骤 **05** 打开生成的背景图，选择快速选择工具，在背景下方单击并拖动鼠标指针创建选区。选择移动工具，将选区内的图像导入图像窗口中，在"图层"面板中将"图层2"拖至"图层1"下方，按【Ctrl+T】组合键调出变换框，适当调整其大小与位置，如图5-9所示。

图5-9 导入背景图

步骤 **06** 单击"图层"面板下方的"创建新图层"按钮，新建"图层3"，将其拖至"图层2"下方。选择渐变工具，设置渐变色为RGB（128，238，235）到RGB（249，242，223），为"图层3"由上至下绘制渐变色，如图5-10所示。

图5-10 绘制渐变色

步骤 **07** 在"图层"面板中设置"图层2"的图层混合模式为"正片叠底"、不透明度为90%，如图5-11所示。

图 5-11　设置图层混合模式

步骤 **08** 打开"素材文件 \ 项目五 \ 节日主题的全屏轮播区设计 \02.png ~ 04.png"，将其导入图像窗口中，按【Ctrl+T】组合键调出变换框，适当调整其大小与位置，如图 5-12 所示。

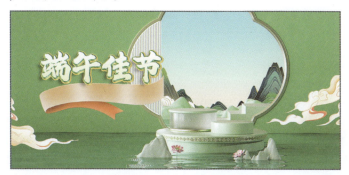

图 5-12　导入装饰素材

步骤 **09** 使用横排文字工具输入文字"端午节·茶上新"和"领券满 300 元减 50 元"，在"字符"面板中分别对文字属性进行设置，其中文字颜色分别为 RGB（17，77，12）和 RGB（199，82，9），如图 5-13 所示。

图 5-13　添加文字并设置文字属性

步骤 **10** 选择"领券满 300 元减 50 元"文本图层，然后单击横排文字工具属性栏中的"创建文字变形"按钮，在弹出的"变形文字"对话框中设置各项参数，单击"确定"按钮，然后按【Ctrl+T】组合键调出变换框，适当调整文字的角度，如图 5-14 所示。

图 5-14　创建变形文字

步骤⑪ 单击"图层"|"图层样式"|"渐变叠加"命令，在弹出的对话框中设置各项参数，然后单击"确定"按钮，如图 5-15 所示。

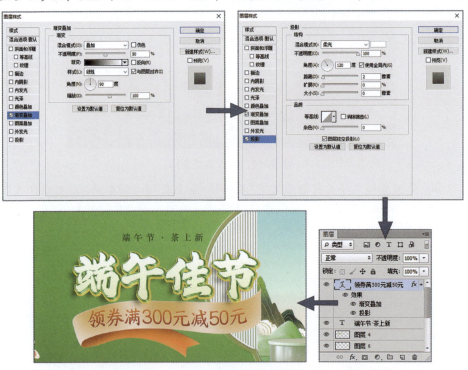

图 5-15　添加图层样式

步骤⑫ 打开"素材文件 \ 项目五 \ 节日主题的全屏轮播区设计 \05.png"，将其导入图像窗口中，并适当调整其大小与位置。选择椭圆工具，绘制一个黑色椭圆作为商品的阴影，在"属性"面板中设置"羽化"为 3.0 像素，然后在"图层"面板中设置其"不透明度"为 60%，如图 5-16 所示。

图 5-16　绘制商品阴影

步骤 ⑬ 打开"素材文件 \ 项目五 \ 节日主题的全屏轮播区设计 \06.png"，将其导入图像窗口中，并按【Ctrl+T】组合键调出变换框，适当调整其大小与位置。采用上述同样的方法为其制作阴影效果，即可实现本案例的最终效果，如图 5-17 所示。

图 5-17　最终效果

任务三　商品陈列区视觉设计

陈列区是商品橱窗展示的精髓所在，对网店营销同样重要。在淘宝、天猫等购物网站中，热卖区、新品区、人气推荐区等都属于商品陈列区视觉设计。下面将对商品陈列区的视觉设计进行介绍。

一、营造视觉动线

许多卖家习惯将商品展示图片整齐划一地排列在网店首页中，如图 5-18 所示。之所以选择这种方式，可能是因为这些卖家认为与将商品乱七八糟地摆放相比，买家更愿意看到整齐排列的商品货架。

虽然整齐划一确实是一种较为保守、保险与传统的布局方式，设计时也简单、方便，但仍需注意一些设计事项。

图 5-18　商品陈列图

通常情况下，人们已经习惯了从左向右、从上到下的阅读模式，这样的习惯延续到了浏览网页时。与阅读书籍不同的是，互联网用户习惯于以快速扫描、捕捉关键点的方式进行浏览，但这一浏览习惯会影响人们对首页商品展示图片布局的观感。如果在网店首页放置过多的图片，如同密密麻麻的文字一般，就会让买家失去浏览的耐心，这会直接导致 F 形浏览模式（见图 5-19）的形成。

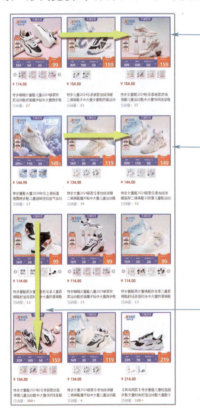

① 浏览初期，视线水平移动，且浏览范围较大。刚开始浏览时，买家对商品展示图片充满了新鲜感和好奇，很可能将第一排图片全部浏览完毕，并根据从上到下的浏览经验，转向浏览第二排图片

② 水平浏览范围缩短。此时图片的布局没有任何变化，但买家对图片浏览的新鲜感降低，开始失去浏览的耐心，第二排图片的水平浏览范围就会缩短

③ 失去耐心，开始进行垂直浏览。买家看到第三排仍然是一成不变的图片排列后，浏览的耐心继续减少，于是开始对左边进行垂直浏览

图 5-19　F 形浏览模式

F形浏览模式是由美国长期研究网站可用性的著名网站设计师雅各布·尼尔森在《眼球轨迹的研究》报告中提出的。他认为大多数情况下浏览者受浏览经验与习惯的影响，都会不由自主地以 F 形的模式浏览网页。

因此，在进行商品展示图片的排列设计时，要使用整齐的排列让买家获得轻松感，图片不宜过多，横排图片最好不超过 5 张，因为过多的图片容易让买家感到浏览压力并产生疲倦感。

除此之外，通过灵活多变的排列方式形成图片组合的视觉浏览动线，也能减少死板的排列组合带来的枯燥与乏味感，如图 5-20 所示。

商品海报展示图：将重点推荐的商品以单张海报的方式呈现，较为丰富的表现形式能很好地让买家注意到商品信息

两张商品展示图：非重点推荐的商品以多张图片并排展示的效果呈现

单张商品展示图：较为重要的商品以单张图片的形式排列，较大的展示面积更能获得买家的瞩目

两张图片：除了商品展示图片以外，还可以搭配一些与展示商品相关的商品组合图片，进一步引起买家的购买兴趣

图 5-20　商品展示图片排列设计

在图 5-20 中，商品陈列区的布局打破了横排图片以固定的数量单一摆放的形式，灵活的商品展示图片排列组合形成了视觉浏览动线，不仅能够缓解买家在浏览时的枯燥感，让买家可以更多地注意到所展示的商品图片，还能让商品的展示有了主次的层级关系——主要的商品被放在陈列区顶端大面积展示，次要的商品靠后展示，并且展示面积

较小，在陈列区末端通过两张图片缓和买家眼球左右移动的频率，让买家的视线集中于两张图片上。

这种商品展示图片的布局结构既巩固了买家对于前面所看到的商品展示内容的记忆，又提供了更多的购物方式；既能让买家获得较为轻松与清晰的浏览体验，又能持续吸引买家的注意力。

在互联网时代，买家形成了互联网行为模式，他们青睐快速、轻便的阅读体验，所以网店美工设计人员在进行设计时，也要尽可能地为买家营造这样的阅读环境。同时也要明白，并不是商品信息摆放越多，商品出售的可能性越大，如果这些商品信息不被买家关注，那么放置再多的内容也是徒劳的。尽可能让买家看到所展示的商品，并吸引他们的注意力，提高所展示商品的转化率，这才是视觉设计要达到的真正目的。

↘ 二、商品布局艺术化

商品展示图片的布局是影响商品陈列区整体版式的关键，也是确立首页风格的关键。为了吸引买家的眼球，网店美工设计人员可以根据商品的功能、外形特点、设计风格来对商品陈列区布局进行精心的规划与设计，将网店中的商品艺术化地展现出来。

常见的商品陈列区布局方式有三种，包括方块式布局，以及下面将要介绍的折线型布局与随意型布局。

1. 折线型布局

折线型布局就是将商品展示图片按照错位的方式进行排列，如图5-21所示。在这种布局中，买家的视线会沿着商品展示图片做折线运动。这样的设计可以给人一种清爽、利落的感觉，具有韵律感。

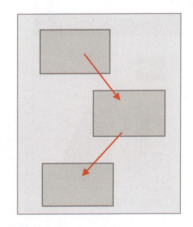

图5-21 折线型布局

2. 随意型布局

随意型布局就是将商品展示图片随意地放置在页面中，如图5-22所示。这种随意往往需要营造出一种特定的氛围和感觉，让这些商品之间产生一种联系，否则画面中的商品会由于缺乏联系而显得突兀。随意型布局在女装搭配、组合销售中使用得较多，是一种灵活性较强的布局方式。

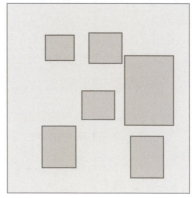

图 5-22 随意型布局

任务四 课堂案例：当季热卖商品陈列区设计

本案例以男装网店装修为例，介绍当季热卖商品陈列区的设计方法。男装网店装修的设计理念与女装网店不同，要表现男性的硬朗与刚强，在字体上可以选择较为方正的字体，并结合当下流行的色彩元素，给人一种时尚、潮流的感觉，营造出大气、简约的氛围，由此打动买家的心，最终效果如图 5-23 所示。

视频

当季热卖商品
陈列区设计

图 5-23 当季热卖商品陈列区设计

一、设计理念

- 在色彩搭配上，颜色对比要强烈，以增强视觉冲击力。画面主色调采用鲜艳的黄色和深灰色进行对比，营造出时尚、大气的视觉效果，这样的颜色设计很容易吸引买家的注意力。
- 使用黄色矩形图案进行修饰，使画面看起来更加和谐。
- 使用深色系的价格标签作为点缀，增强画面的设计感。

二、技术要点

- 使用 Photoshop CS6 中的剪贴蒙版来控制图像的显示部分。
- 使用 Photoshop CS6 中的矩形工具绘制图像的背景及修饰形状，并应用图层样式进行修饰。

三、实操演练

步骤 01 在 Photoshop CS6 中单击"文件"|"新建"命令，弹出"新建"对话框，设置图像大小为 1920 像素 × 2750 像素、背景色为白色，然后单击"确定"按钮，如图 5-24 所示。

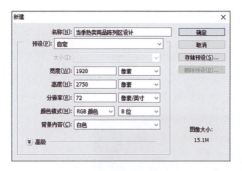

图 5-24　新建图像文件

步骤 02 设置前景色为 RGB（70，70，70），按【Alt+Delete】组合键填充"背景"图层，如图 5-25 所示。

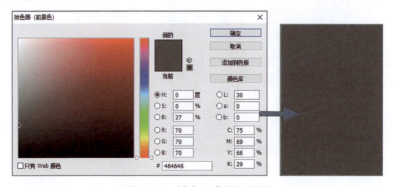

图 5-25　填充"背景"图层

步骤 03 使用矩形工具在图像窗口中绘制两个矩形，在其工具属性栏中分别设置填充颜色为 RGB（245，197，27）和白色，如图 5-26 所示。

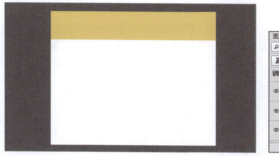

图 5-26　绘制矩形

步骤 04 运行美图秀秀软件，打开"素材文件 \ 项目五 \ 当季热卖商品陈列区设计 \ 01.jpg"，在左侧工具栏中单击"抠图"按钮◎，抠取模特图像，然后单击"保存"按钮，如图 5-27 所示。

图 5-27　使用抠图功能进行抠图

步骤 05 打开 Photoshop CS6 软件，将抠好的模特素材导入图像窗口中。选择套索工具，选取多余的图像，按【Delete】键将选区内的图像删除，然后在"图层"面板中设置"图层 1"的图层混合模式为"正片叠底"，如图 5-28 所示。

图 5-28　导入素材并设置图层混合模式

步骤06 打开"素材文件＼项目五＼当季热卖商品陈列区设计＼02.jpg"，将模特素材导入图像窗口中，并按【Ctrl+T】组合键调出变换框,适当调整其大小和位置，然后单击"图层"|"创建剪贴蒙版"命令，效果如图5-29所示。

图5-29 导入模特素材

步骤07 使用矩形工具在图像窗口中绘制几个矩形，并将它们的填充颜色分别设置为RGB（222，222，222）和RGB（245，197，27），效果如图5-30所示。

图5-30 绘制矩形并填充颜色

步骤08 采用同样的方法导入其他模特素材，并为它们创建剪贴蒙版，效果如图5-31所示。

步骤09 使用矩形工具在图像窗口中绘制两个矩形，并将它们的颜色分别填充为RGB（245，197，27）和RGB（45，45，45），作为价格标签背景，效果如图5-32所示。

步骤10 选择横排文字工具，在图像窗口左上角单击并输入所需的文字，在"字符"面板中分别对文字属性进行设置，如图5-33所示。

图 5-31 为模特素材创建剪贴蒙版

图 5-32 绘制矩形

图 5-33 输入文字

步骤 **11** 选中"HOT SALE"文本图层,单击"图层"|"图层样式"|"描边"命令,在弹出的对话框中设置各项参数,然后单击"确定"按钮,如图 5-34 所示。

步骤 **12** 选择横排文字工具,输入价格文字,在"字符"面板中设置各项参数,然后使用自定形状工具绘制一个购买图标,效果如图 5-35 所示。

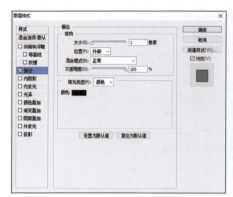

图 5-34　添加图层样式

图 5-35　制作价格标签

步骤 13　在"图层"面板下方单击"创建新组"按钮 ▢，新建"组 1"图层组，将制作的价格标签放到该图层组中。按【Ctrl+J】组合键复制多个图层组，并适当调整它们的位置，然后使用横排文字工具输入装饰文字，即可完成本案例的制作，最终效果和图层如图 5-36 所示。

图 5-36　最终效果和图层

项目实训：中秋节全屏轮播区设计

打开"素材文件\项目五\项目实训"，以提供的图片为素材，为某食品店铺设计中秋节活动的全屏轮播区。画面中要包含简要的活动内容说明，色彩要大气，具有浓郁的中国传统风格，要能烘托出欢乐、团圆、祥和的节日气氛，效果如图5-37所示。

视频

项目实训

新建图像文件，导入场景素材

导入背景和装饰素材，然后为桂花素材添加"投影"图层样式

导入商品素材，使用直排文字工具添加文字信息，然后为其添加"斜面和浮雕""渐变叠加"图层样式

图5-37 食品店铺中秋节活动全屏轮播区

技能拓展：使用稿定AI制作运动鞋上新海报

稿定AI设计平台提供了海量的电商设计模板，涵盖了商品主图、竖版电商海报、横版电商海报、产品营销等多个场景。这些模板设计精美、风格多样，创作者只需根据自己的需求选择合适的模板，然后进行简单的文字替换和图片调整，即可快速生成符合要求的设计作品。

视频

技能拓展

打开稿定设计网站并登录账号，单击页面左侧的"AI设计"按钮，在页面右侧选择"横版电商海报"选项，进入"横版电商海报"页面，输入海报主标题、副标题并上传商品素材（"素材文件＼项目五＼技能拓展"），单击"开始生成"按钮，在页面右侧选择需要的模板，然后单击"编辑"按钮，如图5-38所示。

图5-38 选择海报模板

进入"编辑"页面，根据需要修改文字内容，调整各素材的位置和大小，然后单击"下载"按钮，即可完成运动鞋上新海报的制作，如图5-39所示。

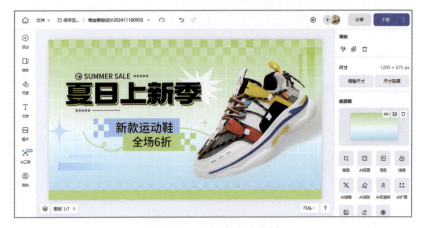

图5-39 编辑文字和素材

课后练习

　　以女装图片为素材，设计一个用于"早春上新"促销使用的女装网店首页全屏轮播区活动模块，其中画面色彩要协调，设计元素的颜色不能太乱，画面主次分明，活动主题文字突出，具有较强的吸引力和视觉冲击力，如图 5-40 所示。

图 5-40　女装店铺首页全屏轮播区活动模块

项目六
首页设计——服饰网店

➡ 知识目标

- 了解服饰网店首页设计的设计理念。
- 掌握服饰网店首页设计中的各种技术要点。

➡ 能力目标

- 能够根据服装的类型、色彩和消费群体等设计首页的配色。
- 能够根据服饰的风格与特点制作出独具特色的网店首页。

➡ 素养目标

- 培养工具思维，在设计中充分利用 AIGC 工具。
- 设计不设限，积极探索设计行业的无限可能。

网店首页代表的是网店的整体形象，其装修效果影响着买家对网店的第一印象。本项目主要以两个服饰网店的首页设计案例为例，针对不同的消费群体，从不同的设计角度出发，介绍如何打造风格和布局各具特色的网店装修效果。

任务一　课堂案例：精品女装网店首页设计

　　本案例将为女装网店设计首页，其中使用多张不同造型的模特照片，利用合理的布局来对页面进行规划，通过橙色渐变的背景让整个页面具有活力、大气之感，最终效果如图 6-1 所示。

视频

精品女装网店
首页设计

图 6-1　精品女装网店首页

↘ 一、设计理念

　　● 在色彩搭配上，以橙色为主色调，辅以白色和黄色等色彩，形成了简洁明了、活力四射的视觉效果，符合夏季新品的主题。

　　● 利用分布得当的文字对页面内容进行点缀，起到画龙点睛的作用。

　　● 页面布局从上到下按照由疏到密的版式进行设计，使页面内容主次得当，由此带来的视觉缓冲可以延长买家的停留时间，激发买家的购买欲望。

↘ 二、技术要点

- 利用 Photoshop CS6 中的自定形状工具绘制出首页中所需的修饰形状。
- 利用百度 AI 图片助手的"AI 扩图"功能扩大模特图的尺寸。
- 利用 Photoshop CS6 中的剪贴蒙版对图像的显示进行控制。

↘ 三、实操演练

步骤 01 在 Photoshop CS6 中单击"文件"|"新建"命令，弹出"新建"对话框，设置图像大小为 1920 像素 ×5290 像素、背景色为白色，然后单击"确定"按钮，如图 6-2 所示。

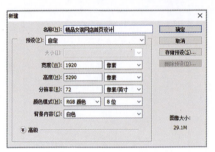

图 6-2 新建图像文件

步骤 02 单击"视图"|"新建参考线"命令，在弹出的对话框中设置"取向"为"水平"、"位置"为"150 像素"，然后单击"确定"按钮。打开"素材文件 \ 项目六 \ 精品女装网店首页设计 \01.jpg"，将其导入页面顶部的中间位置，并调整其大小。选择横排文字工具，输入所需的文字，并在"字符"面板中对文字属性进行设置。使用圆角矩形工具绘制出收藏按钮的外形，然后使用自定形状工具绘制出心形，制作店招，如图 6-3 所示。

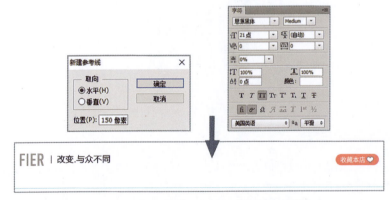

图 6-3 导入素材、添加文字并绘制形状

步骤 03 使用横排文字工具在店招下方输入导航文字，并在"字符"面板中设置文字属性。使用直线工具在店招和导航文字中间绘制一条灰色的直线，然后导

入"素材文件\项目六\精品女装网店首页设计\02.png"，并适当调整其大小和位置，如图 6-4 所示。

图 6-4　添加文字并绘制直线

步骤 **04** 在"图层"面板下方单击"创建新组"按钮，新建"店招"图层组，将制作的店招图层放到该图层组中。使用矩形工具绘制矩形，导入"素材文件\项目六\精品女装网店首页设计\03.jpg"，并适当调整其大小和位置，然后在"图层"面板中用鼠标右键单击该图层，选择"创建剪贴蒙版"命令。选择魔棒工具在海报中间部分单击选取图像，按【Ctrl+J】组合键进行复制得到"图层 4"，如图 6-5 所示。

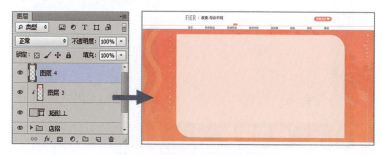

图 6-5　导入素材并选取图像

步骤 **05** 打开"百度 AI 图片助手"页面，单击"上传图片"按钮，打开"素材文件\项目六\精品女装网店首页设计\04.jpg"，单击"涂抹消除"按钮，调整画笔的大小，在需要消除的区域进行涂抹，然后单击"立即生成"按钮，如图 6-6 所示。

图 6-6　单击"涂抹消除"按钮

步 骤 06 在页面右侧单击"变清晰"按钮▣，然后单击"AI 扩图"按钮▣，选择"4 ：3"拓展比例，单击"立即生成"按钮，如图 6-7 所示。

图 6-7　单击"变清晰"和"AI 扩图"按钮

步 骤 07 在 AI 生成的 4 张图片中选择最合适的 1 张，单击"下载"按钮下载模特图，如图 6-8 所示。

图 6-8　单击"下载"按钮

步 骤 08 打开 Photoshop CS6 软件，导入扩展后的模特图，将其调整至合适的大小和位置，然后在"图层"面板中用鼠标右键单击该图层，选择"创建剪贴蒙版"命令，如图 6-9 所示。

图 6-9　创建剪贴蒙版

步骤 09 使用横排文字工具输入海报文字，并在"字符"面板中对文字属性进行设置，然后使用圆角矩形工具绘制形状，设置填充颜色为 RGB（255，133，101），如图 6-10 所示。

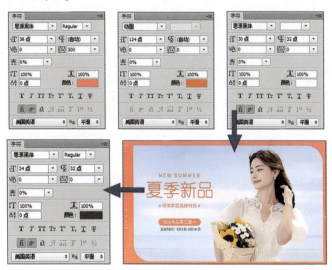

图 6-10　为海报添加文字

步骤 10 选择"夏季新品"文本图层，在"图层"面板下方单击"添加图层样式"按钮*fx*，选择"渐变叠加"选项，在弹出的"图层样式"对话框中设置各项参数，其中渐变色为 RGB（255，151，106）到 RGB（255，112，95），然后单击"确定"按钮，如图 6-11 所示。

图 6-11　为文字添加图层样式

步骤 11 导入"素材文件 \ 项目六 \ 精品女装网店首页设计 \05.png"，并适当调整其大小和位置。使用横排文字工具输入所需的文字，并在"字符"面板中对文字属性进行设置，然后使用圆角矩形工具和直线工具绘制形状对文字进行修饰，如图 6-12 所示。

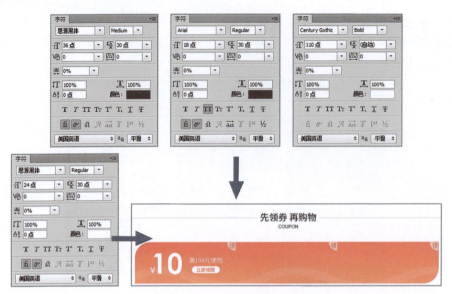

图 6-12　制作优惠券

步骤 ⑫ 在"图层"面板下方单击"创建新组"按钮 📁，新建"组 1"图层组，将制作的优惠券图层放到该图层组中。按两次【Ctrl+J】组合键进行复制，得到"组 1 副本"和"组 1 副本 2"图层，修改优惠券信息，制作其他优惠券，如图 6-13 所示。

图 6-13　制作其他优惠券

步骤 ⑬ 使用矩形工具绘制 4 个矩形，打开"素材文件 \ 项目六 \ 精品女装网店首页设计 \06.jpg ～ 09.jpg"，将它们导入图像窗口中，并适当调整它们的大小和位置。单击"图层"|"创建剪贴蒙版"命令，使导入的模特图片正好装入所绘制的矩形中，制作商品分类区域，如图 6-14 所示。

步骤 ⑭ 使用矩形工具和椭圆工具绘制分类图形，在"图层"面板中设置白色矩形图层的"不透明度"为 80%，然后使用横排文字工具输入分类文字，效果如图 6-15 所示。

步骤 ⑮ 使用矩形工具绘制多个矩形，打开"素材文件 \ 项目六 \ 精品女装网店首页设计 \10.jpg ～ 16.jpg"，将它们导入图像窗口中，并适当调整其大小和位置。

用鼠标右键单击这些图像所在的图层，选择"创建剪贴蒙版"命令，使导入的模特素材正好装入所绘制的矩形中，制作热卖推荐区，如图 6-16 所示。

图 6-14 制作商品分类区域

图 6-15 绘制分类图形并输入分类文字

图 6-16 制作热卖推荐区

步骤 16 使用横排文字工具输入价格文字，并在"字符"面板中对文字属性进行设置，然后使用矩形工具和自定形状工具绘制购买图标，其中矩形的渐变色为 RGB（255，113，95）到 RGB（255，147，104），最终效果如图 6-17所示。

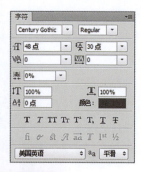

图 6-17　输入价格文字并绘制购买图标

任务二　课堂案例：可爱童装网店首页设计

图 6-18　可爱童装
网店首页

本案例将为童装网店设计首页，选用可爱的儿童模特，页面色彩以绿色和黄色为主，整体布局要给买家形成强大的视觉冲击力，最终效果如图 6-18 所示。

视频

可爱童装网店
首页设计

↘ 一、设计理念

- 在色彩搭配上，以绿色和黄色搭配为主，增强色彩的层次感。
- 页面布局层次分明，黄白相间的色彩结合给人一种活泼、明亮的感觉，使商品的表现力更加突出。
- 主要以矩形作为修饰元素，对商品进行合理的归类和描述，使整个页面一目了然，既简单又大气。

↘ 二、技术要点

- 使用 Photoshop CS6 中的横排文字工具添加文字，利用"字符"面板对文字的字体、字号、颜色等文字属性进行设置。
- 使用美图设计室的"人像背景"功能为模特更换背景。

● 使用 Photoshop CS6 中的圆角矩形工具、椭圆工具和矩形工具绘制修饰图形。

↓ 三、实操演练

步骤 01 在 Photoshop CS6 中单击"文件"|"新建"命令,弹出"新建"对话框,设置图像大小为 1920 像素 ×6690 像素、背景色为白色,然后单击"确定"按钮,如图 6-19 所示。

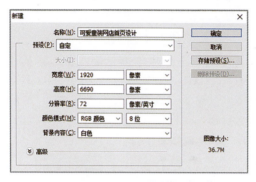

图 6-19 新建图像文件

步骤 02 单击"视图"|"新建参考线"命令,在弹出的对话框中设置"取向"为"水平"、"位置"为"150 像素",然后单击"确定"按钮。打开"素材文件 \ 项目六 \ 可爱童装网店首页设计 \01.png",将其导入图像窗口中,并适当调整其大小和位置。使用横排文字工具输入网店名称和搜索提示词,并在"字符"面板中对文字属性进行设置。使用圆角矩形工具和自定形状工具绘制搜索框,如图 6-20 所示。

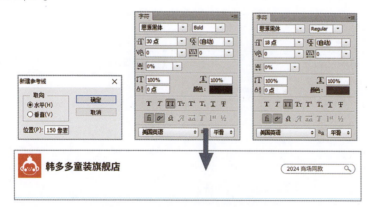

图 6-20 添加店标并绘制搜索框

步骤 03 使用圆角矩形工具绘制圆角矩形作为导航按钮,并填充颜色为 RGB（181，238，223）。使用横排文字工具输入导航文字,并在"字符"面板中对文字属性进行设置,如图 6-21 所示。

图 6-21　制作导航

步骤 04 使用矩形工具绘制一个矩形作为背景，在工具属性栏中设置渐变色为 RGB（254，220，130）、RGB（221，244，207）、RGB（175，222，206）到 RGB（206，248，236），设置"旋转渐变"为 -150，然后使用圆角矩形工具绘制形状，如图 6-22 所示。

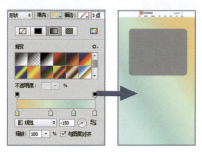

图 6-22　绘制背景

步骤 05 打开美图设计室网站并登录账号，单击"AI 商拍"分类下的"人像背景"按钮，进入"人像背景"页面，在页面左侧设置画面比例为"16∶9"，如图 6-23 所示。

图 6-23　设置画面比例

步骤 06 在页面右侧单击"上传图片"按钮，上传"素材文件\项目六\可爱童装网店首页设计\02.jpg"素材，AI 会自动识别并精准地抠出模特主体，在画布中调整模特图的大小和位置，如图 6-24 所示。

图 6-24　上传模特图

步 骤 07 在页面左侧选择"参考图"选项卡，单击"上传参考图"按钮，上传"素材文件 \ 项目六 \ 可爱童装网店首页设计 \03.jpg"素材，设置"场景相似度"为 1.0，然后单击"去生成"按钮，如图 6-25 所示。

图 6-25　上传参考图

步 骤 08 选择合适的模特图，单击"下载"按钮下载图片，如图 6-26 所示。此时，模特与参考图中的场景较好地融合，营造出逼真的置景氛围感。

图 6-26　下载模特图

步骤 09 打开 Photoshop CS6 软件，导入模特图，将其调整至合适的大小和位置，然后在"图层"面板中用鼠标右键单击该图层，选择"创建剪贴蒙版"命令。使用快速选择工具在模特上单击并拖动鼠标指针创建选区，按【Ctrl+J】组合键复制选区内的图像，如图 6-27 所示。

图 6-27　复制选区内的图像

步骤 10 打开"素材文件 \ 项目六 \ 可爱童装网店首页设计 \04.png ~ 06.png"，将这些轮播海报素材导入图像窗口中，并适当调整它们的大小和位置。使用横排文字工具添加所需的文字，使用圆角矩形工具和椭圆工具绘制修饰图形，效果如图 6-28 所示。

图 6-28　制作轮播海报

步骤 11 打开"素材文件 \ 项目六 \ 可爱童装网店首页设计 \07.png、08.jpg"，将它们分别导入图像窗口中，并适当调整它们的大小和位置。在"图层"面板中设置"图层9"的图层混合模式为"正片叠底"，以此作为优惠券的背景。使用圆角矩形工具绘制按钮形状，然后使用横排文字工具输入优惠券文字，如图 6-29 所示。

步骤 12 在"图层"面板下方单击"创建新组"按钮◻，新建"组1"图层组，将上一步制作好的优惠券图层放到该图层组中。按【Ctrl+J】组合键复制该图层组，更改相应的文字，完成其他优惠券的制作，效果如图 6-30 所示。

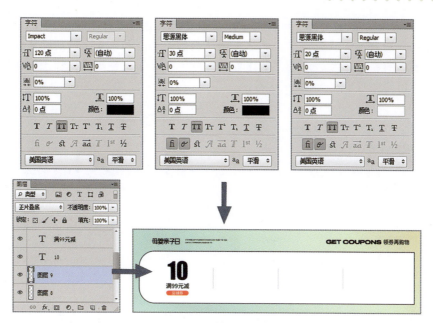

图 6-29　绘制优惠券

图 6-30　制作其他优惠券

步骤 ⑬ 使用矩形工具绘制多个矩形形状，分别填充颜色为 RGB（184，255，239）、灰色和白色，使用横排文字工具输入 "ACTIVITY 活动入口" 文字，然后使用椭圆工具绘制一个圆形，如图 6-31 所示。

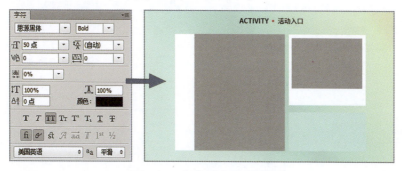

图 6-31　制作活动入口区域

步骤⑭ 打开"素材文件\项目六\可爱童装网店首页设计\09.jpg、10.jpg"，将它们分别导入图像窗口中，并适当调整它们的大小和位置。用鼠标右键单击这些图像所在的图层，选择"创建剪贴蒙版"命令，使导入的模特素材正好装入所绘制的矩形中，如图6-32所示。

图6-32　导入素材并创建剪贴蒙版

步骤⑮ 使用横排文字工具和直排文字工具输入活动入口文字，并在"字符"面板中设置文字属性，然后使用圆角矩形工具绘制黑色按钮，效果如图6-33所示。

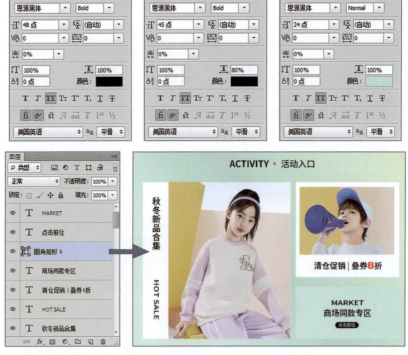

图6-33　添加活动入口文字

步骤 16 使用矩形工具绘制多个矩形，在工具属性栏中设置填充颜色为 RGB（228，212，187）。打开"素材文件 \ 项目六 \ 可爱童装网店首页设计 \ 12.jpg ~ 17.jpg"，将它们导入图像窗口中，并适当调整它们的大小和位置。用鼠标右键单击每张图像所在的图层，分别选择"创建剪贴蒙版"命令，使导入的模特素材正好装入所绘制的矩形中，如图 6-34 所示。

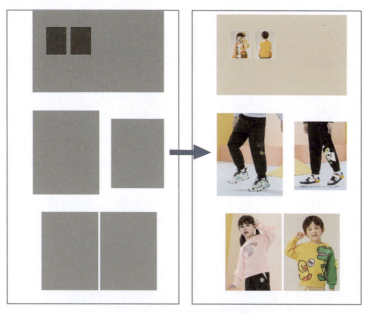

图 6-34　制作热卖推荐区

步骤 17 打开"素材文件 \ 项目六 \ 可爱童装网店首页设计 \ 11.png"，将其导入图像窗口中，并适当调整其大小和位置。使用矩形选框工具在多余的图像上绘制一个矩形选区，按【Delete】键删除选区内的图像，如图 6-35 所示。

图 6-35　删除多余图像

步骤 18 使用圆角矩形工具和自定形状工具绘制购买图标，然后使用横排文字工具输入价格文字，并在"字符"面板中对文字属性进行设置，如图6-36所示。

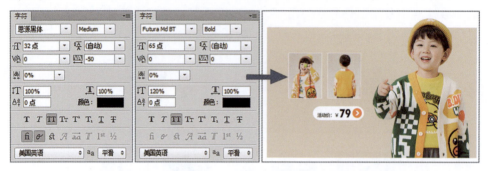

图6-36　制作价格标签

步骤 19 在"图层"面板下方单击"创建新组"按钮，新建"组2"图层组，将上一步制作好的价格标签图层放到该图层组中。按【Ctrl+J】组合键复制该图层组，更改相应的文字，使用椭圆工具绘制一个圆形，然后使用横排文字工具输入所需的标题文字，最终效果如图6-37所示。

图6-37　添加其他价格标签和标题文字

项目实训：时尚女装网店首页设计

视频

项目实训

　　打开"素材文件\项目六\项目实训"，以女装网店商品模特图片为素材，设计网店首页。要求设计的首页能较好地展示出网店的主推商品及网店的促销活动信息，能够清晰地反映商品的特色，页面色彩简洁、统一，突出时尚、大气等特征，如图6-38所示。

导入海报背景和模特素材，使用横排文字工具添加文字，使用矩形工具和椭圆工具绘制形状修饰文字

导入优惠券素材，使用圆角矩形工具、直线工具和椭圆工具制作优惠券，然后使用横排文字工具添加文字

使用圆角矩形工具绘制形状，导入商品图像并为其创建剪贴蒙版，控制图像的显示范围。使用横排文字工具添加文字，使用圆角矩形工具和椭圆工具绘制所需的形状

图 6-38　时尚女装网店首页

技能拓展：使用百度AI图片助手"AI扩图"功能扩图

在网店首页设计中，有时需要特定尺寸的图片来满足页面布局或宣传海报的需求。然而，原始图片的尺寸可能无法满足这些需求，若直接对其进行拉伸处理，图片就会出现变形或模糊的问题。

在这种情况下，百度 AI 图片助手的"AI 扩图"功能便能发挥重要作用。该功能可以在不破坏图片原有风格和内容的基础上，依据图片已有的内容与特征，待扩展的空白区域进行智能填充，进而使图片的整体内容更丰富、更连贯。

视频

技能拓展

117

　　以图 6-39 所示的商品图片为例，在对其边缘部分进行扩展时，AI 会依据商品的呈现姿态、所处背景等信息，生成与原图片风格一致的背景或环境元素，从而让商品能够更好地融入新的场景之中。

图 6-39　使用"AI 扩图"功能扩图

课后练习

　　设计一个童装网店的首页，要求能够全面展示该品牌童装的特点，制作店招、导航、全屏轮播区、优惠券、分类标题和商品陈列区，页面要色彩鲜艳、充满童趣，能够彰显出品牌的独特风格与活力，如图 6-40 所示。

图 6-40 秋冬新风尚童装网店首页

视频

课后练习

项目七

首页设计——食品网店

➡ 知识目标

- 掌握网店首页的色彩设计方法。
- 掌握网店首页的页面布局方法。
- 掌握食品网店首页设计中的各种技术要点和技巧。

➡ 能力目标

- 能够根据商品的类型、色彩和消费群体等设计首页的配色。
- 能够根据不同的活动主题制作出独具特色的网店首页。
- 能够使用 AIGC 工具生成设计素材。

➡ 素养目标

- 将中国传统文化元素与现代设计理念相融合，用设计讲好中国故事。
- 在设计时讲究平衡之美，通过合理布局实现协调统一。

　　网店销售的商品不同，首页的设计风格也会有所区别。本项目主要以设计食品网店首页为例，详细介绍如何为年货节茶叶网店和"6·18"蜂蜜网店打造出非同凡响的首页效果。

任务一　课堂案例：年货节茶叶网店首页设计

本案例将为年货节茶叶网店设计首页，该首页以"年货佳选"为主题，分类清晰明了，促销信息突出。设计采用红色作为背景色，营造出浓郁的喜庆氛围，同时搭配灯笼、祥云等中国传统元素作为点缀，进一步增强了页面的视觉冲击力，使整体设计更加吸引买家的眼球，最终效果如图 7-1 所示。

↘ 一、设计理念

- 在全屏轮播区，金色主要用于中国风元素的点缀，与红色背景形成鲜明对比，搭配颇具设计感的海报文字布局，能够更好地突出"年货佳选"活动主题的信息。
- 在热卖商品区，先使用两个广告图对重点商品进行展示，再对其他商品进行展示，使页面布局看上去更加灵活，并具有一定的韵律感。
- 通过"新品第二件半价""跨店满减""拍1发2送同款""领券买2件减20元"等明显的促销信息，吸引买家的注意，刺激其购买欲望。

↘ 二、技术要点

- 使用 Photoshop CS6 软件，为图片创建图层蒙版，对图像的显示进行控制。
- 利用 AIGC 工具通义万相的"文字作画"功能生成海报背景素材。
- 利用 Photoshop CS6 中的"模糊"滤镜为图片添加模糊效果。

图 7-1　年货节茶叶网店首页

↘ 三、实操演练

步骤 01 在 Photoshop CS6 中单击"文件"|"新建"命令，弹出"新建"对话框，设置图像大小为 1920 像素 ×5880 像素、背景色为白色，然后单击"确定"按钮，如图 7-2 所示。

步骤 02 单击"视图"|"新建参考线"命令，在弹出的对话框中设置店招的水平参考线分别为 120 像素和 150 像素、垂直参考线分别为 360 像素和 1560 像素，然后单击"确定"按钮，如图 7-3 所示。

视频

年货节茶叶网店首页设计

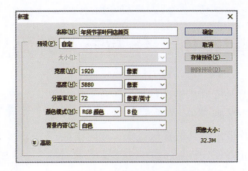

图 7-2　新建图像文件

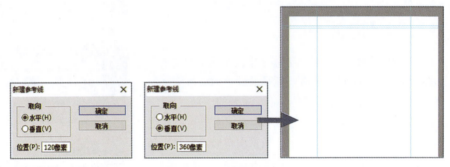

图 7-3　新建参考线

步骤 **03** 使用矩形工具绘制一个矩形作为店招背景，在工具属性栏中设置渐变色为 RGB（157，25，20）、RGB（186，48，40）到 RGB（157，25，20）、"旋转渐变"为 0，如图 7-4 所示。

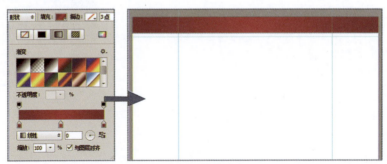

图 7-4　绘制店招背景

步骤 **04** 使用横排文字工具输入网店名称和促销文字，并在"字符"面板中设置各项参数，其中文字颜色分别为 RGB（255，227，173）、RGB（254，196，144）和 RGB（169，7，8）。打开"素材文件\项目七\年货节茶叶网店首页\01.png"，将其导入图像窗口中，并适当调整其大小和位置，然后使用圆角矩形工具和自定形状工具绘制购买按钮和收藏按钮，如图 7-5 所示。

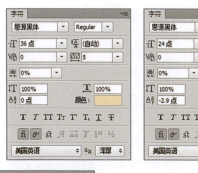

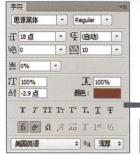

图 7-5　制作店招

步骤 **05** 使用矩形工具绘制一个矩形作为导航栏，并填充颜色为 RGB（255，227，173），然后使用横排文字工具输入导航文字，并在"字符"面板中设置文字属性，如图 7-6 所示。

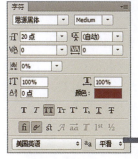
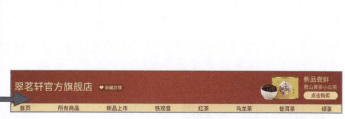

图 7-6　绘制导航栏并添加文字

步骤 **06** 在"图层"面板中选中"背景"图层，设置前景色为 RGB（186，48，40），按【Alt+Delete】组合键进行颜色填充。单击"创建新组"按钮，新建"店招"图层组，将制作的店招图层放到该图层组中，然后打开"素材文件\项目七\年货节茶叶网店首页\02.jpg"，将其导入图像窗口中，并适当调整其大小和位置，如图 7-7 所示。

图 7-7　添加海报背景素材

步骤 07 单击"图层"面板下方的"添加图层蒙版"按钮 🔳 ，使用渐变工具由下至上绘制由黑色到白色的渐变色，隐藏部分图像，然后导入"素材文件 \ 项目七 \ 年货节茶叶网店首页 \03.png"，并适当调整其大小和位置，效果如图 7-8 所示。

图 7-8　编辑图层蒙版

步骤 08 单击"图层"面板下方的"创建新图层"按钮 📄 ，得到"图层 4"。使用多边形套索工具沿着窗户外边缘绘制选区，并填充白色，然后将"图层 4"拖至"图层 3"下方，如图 7-9 所示。

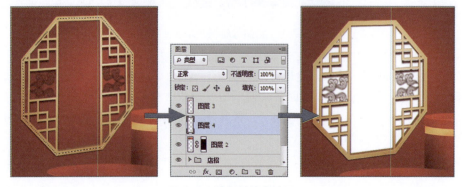

图 7-9　绘制并填充选区

步骤 **09** 打开通义万相网站，在页面左侧单击"文字作画"按钮⟑，进入"文字作画"页面，选择"万相1.0通用"选项，在文本框中输入提示词，在此输入"绚丽的烟花在夜空中绽放，真实拍摄"，设置比例为"16：9"，然后单击"生成画作"按钮，如图7-10所示。

图7-10　输入提示词并设置比例

步骤 **10** 选择需要的背景图，单击"高清放大"按钮⟑，如图7-11所示。选择高清放大后的背景图，单击"下载"按钮⟑下载图片。

图7-11　单击"高清放大"按钮

步骤 **11** 打开Photoshop CS6软件，将生成的烟花背景素材导入图像窗口中。单击"图层"|"创建剪贴蒙版"命令创建剪贴蒙版，然后按【Ctrl+T】组合键调出变换框，适当调整其大小和位置，如图7-12所示。

步骤 **12** 单击"滤镜"|"模糊"|"高斯模糊"命令，在弹出的对话框中设置各项参数，然后单击"确定"按钮。导入"素材文件＼项目七＼年货节茶叶网店首页＼04.png ~ 08.png"，并适当调整它们的大小和位置，效果如图7-13所示。

图 7-12　导入烟花背景素材

图 7-13　调整烟花背景素材并导入商品素材

步骤 13 使用横排文字工具和直排文字工具输入海报文字，并在"字符"面板中设置文字属性，如图 7-14 所示。

图 7-14　添加海报文字

步骤 14 在"图层"面板下方单击"创建新组"按钮📁，新建"组1"图层组，将"年货佳选"文本图层放到该图层组中。导入"素材文件\项目七\年货节茶叶网店首页\09.jpg"，并适当调整其大小和位置，然后单击"图层"|"创建剪贴蒙版"命令创建剪贴蒙版，如图 7-15 所示。

步骤 15 导入"素材文件\项目七\年货节茶叶网店首页\10.png ～ 13.png"，并适当调整其大小和位置。使用横排文字工具输入标题文字，并在"字符"面板中设置文字属性，如图 7-16 所示。

图 7-15 导入海报文字背景

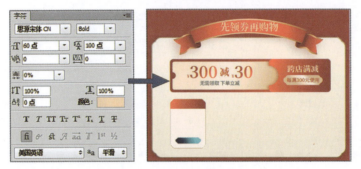

图 7-16 导入素材并添加标题文字

步骤 16 单击横排文字工具属性栏中的"创建文字变形"按钮，在弹出的"变形文字"对话框中设置各项参数，然后单击"确定"按钮，如图 7-17 所示。

图 7-17 创建文字变形

步骤 17 在"图层"面板下方单击"添加图层样式"按钮，选择"渐变叠加"选项，在弹出的对话框中设置各项参数，其中渐变色为 RGB（255，213，167）、RGB（255，231，205）到 RGB（255，213，167），然后单击"确定"按钮，如图 7-18 所示。

步骤 18 使用横排文字工具输入优惠券文字，并在"字符"面板中设置文字属性，其中文字颜色分别为 RGB（255，232，207）、RGB（221，53，40）和白色，如图 7-19 所示。

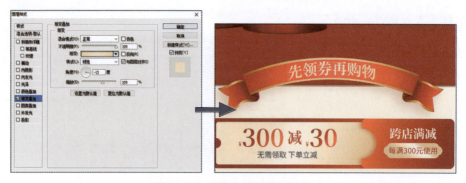

图 7-18　为文字添加图层样式

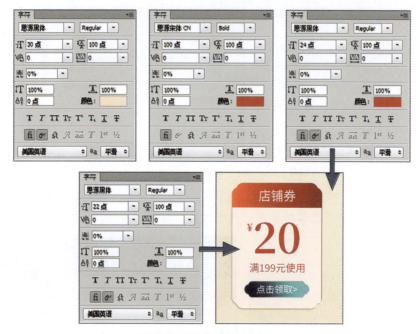

图 7-19　添加优惠券文字

步骤⑲ 在"图层"面板下方单击"创建新组"按钮，新建"组2"图层组，将上一步制作好的优惠券图层放到该图层组中。按【Ctrl+J】组合键复制该图层组，更改相应的文字，完成其他优惠券的制作，效果如图7-20所示。

步骤⑳ 继续导入"素材文件\项目七\年货节茶叶网店首页\14.png ~ 17.png"，并适当调整它们的大小和位置，采用同样的方法，制作"满额优惠好礼"区，并使用横排文字工具在合适的位置输入相应的说明文字，如图7-21所示。

步骤㉑ 复制标题图层并修改文字，导入"素材文件\项目七\年货节茶叶网店首页\18.png ~ 22.png"，并适当调整它们的大小和位置。使用横排文字工具和直排文字工具输入所需的文字，并在"字符"面板中设置文字属性，如图7-22所示。

图 7-20 制作其他优惠券

图 7-21 制作"满额优惠好礼"区

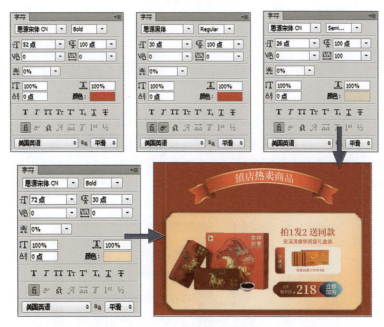

图 7-22 制作热卖商品区

步骤 ㉒ 在"图层"面板中选择"拍1发2送同款"文本图层，单击"添加图层样式"按钮 *fx*，选择"斜面和浮雕"选项，在弹出的对话框中设置各项参数，然后单击"确定"按钮，如图 7-23 所示。

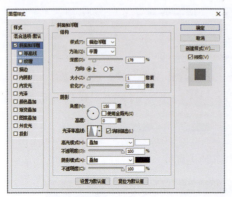
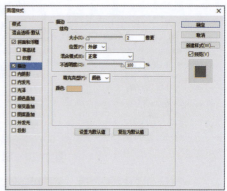
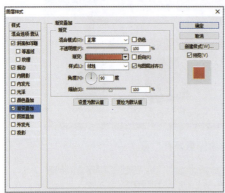
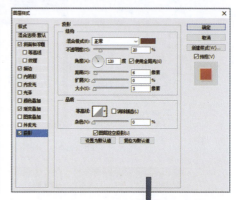

图 7-23　为文字添加图层样式

步骤 23 在"图层"面板下方单击"创建新组"按钮，新建"组3"图层组，将上一步制作好的热卖商品图层放到该图层组中。按【Ctrl+J】组合键复制该图层组，更改图像的位置及相应的文字，导入"素材文件\项目七\年货节茶叶网店首页\23.png"，并适当调整其大小和位置，完成其他热卖商品信息的制作，如图7-24所示。

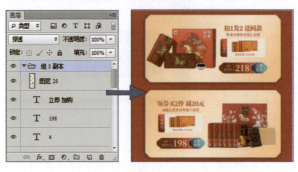

图 7-24　制作其他热卖商品信息

步骤 24 导入"素材文件 \ 项目七 \ 年货节茶叶网店首页 \24.png ~ 26.png"，采用同样的方法，继续添加竖版热卖商品区，按【Ctrl+T】组合键调出变换框，调整图像的大小，效果如图 7-25 所示。

图 7-25　添加竖版热卖商品区

任务二　课堂案例："6·18"蜂蜜网店首页设计

本案例将为蜂蜜网店设计首页，页面通过大字标题、醒目的促销标签等方式，明确突出"6·18 年中大促"的活动主题，运用黄色、红色、粉色等不规则修饰元素来烘托商品，增加页面的活力与吸引力。同时，通过优惠券、会员福利及满额就送等优惠活动信息，吸引买家关注优惠活动，进而刺激其消费欲望，最终效果如图 7-26 所示。

↘ 一、设计理念

● 在配色上使用黄色作为页面背景，使用红色作为点缀色。鲜亮的配色给人一种温馨、甜蜜的感觉，与蜂蜜的产品属性相契合。

● 全屏轮播海报通过颇具设计感的标题文字布局吸引买家的视线，搭配丰富的蜂蜜商品，让买家一眼就能了解网店销售的主要商品，从而充分地展示网店信息。

● 商品展示区域通过不同的商品布局让页

图 7-26　"6·18"蜂蜜网店首页

面显得协调而不单一，增强买家进一步深入了解商品的欲望。

↘ 二、技术要点

- 使用 Photoshop CS6 中的形状工具绘制各种修饰形状。
- 使用 AIGC 工具豆包生成樱花修饰素材，使用百度 AI 图片助手智能抠图。
- 使用 Photoshop CS6 中的图层样式增强文字的特效感。

视频

"6·18"蜂蜜
网店首页设计

↘ 三、实操演练

步骤 01 在 Photoshop CS6 中单击"文件"|"新建"命令，弹出"新建"对话框，设置图像大小为 1920 像素 ×8320 像素、背景色为白色，然后单击"确定"按钮，如图 7-27 所示。

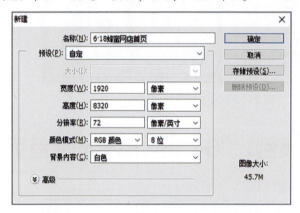

图 7-27　新建图像文件

步骤 02 打开"素材文件 \ 项目七 \6·18 蜂蜜网店首页 \01.jpg"，将其导入图像窗口中，并适当调整其大小和位置。单击"视图"|"新建参考线"命令，在弹出的对话框中设置店招的水平参考线分别为 120 像素和 150 像素、垂直参考线分别为 360 像素和 1560 像素，然后单击"确定"按钮，如图 7-28 所示。

图 7-28　导入素材并新建参考线

步骤 03 使用矩形工具绘制一个白色矩形作为店招背景，并在"图层"面板中设置"矩形1"图层的"不透明度"为55%。使用横排文字工具在店招的左侧输入网店名称和广告语,并在"字符"面板中对文字属性进行设置,如图7-29所示。

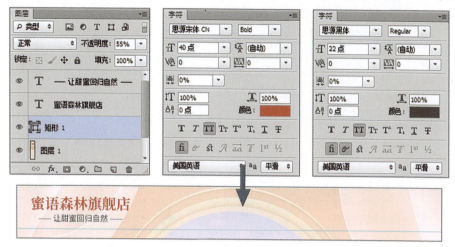

图 7-29 绘制店招背景并输入文字

步骤 04 使用圆角矩形工具绘制加购按钮,使用横排文字工具在店招的右侧输入所需的文字,并在"字符"面板中对文字属性进行设置,然后导入"素材文件\项目七\6·18蜂蜜网店首页\02.png、03.png",并适当调整它们的大小和位置,如图7-30所示。

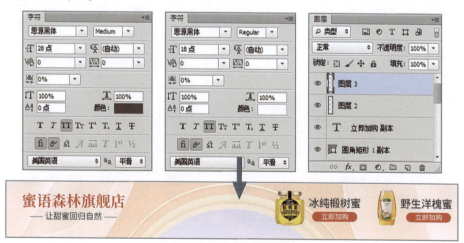

图 7-30 添加店招促销商品

步骤 05 使用圆角矩形工具和直线工具绘制导航栏背景,并填充颜色为RGB(214,41,25)和RGB(255,228,195)。在"图层"面板中选择"圆角矩形3"图层,单击"图层"|"创建剪贴蒙版"命令创建剪贴蒙版,然后使用横排文字工具输入导航文字,并在"字符"面板中设置文字属性,如图7-31所示。

步骤 06 在"图层"面板中选择"圆角矩形2"图层,单击"添加图层样式"按

钮 *fx*，选择"斜面和浮雕"选项，在弹出的对话框中设置各项参数，其中渐变色为 RGB（240，217，138）、RGB（241，229，189）到 RGB（240，217，138），然后单击"确定"按钮，如图 7-32 所示。

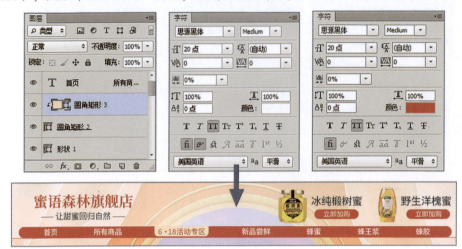

图 7-31　制作导航栏

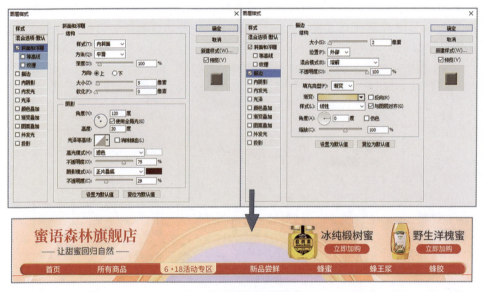

图 7-32　添加图层样式

步骤 **07** 打开"素材文件＼项目七＼6·18 蜂蜜网店首页＼04.png ～ 09.png"，将它们分别导入图像窗口中，并适当调整它们的大小和位置。使用横排文字工具输入海报促销文字，并在"字符"面板中设置文字属性，然后按【Ctrl+T】组合键调出变换框，适当调整其角度，如图 7-33 所示。

步骤 **08** 单击横排文字工具属性栏中的"创建文字变形"按钮，在弹出的"变形文字"对话框中设置各项参数，然后单击"确定"按钮，如图7-34所示。

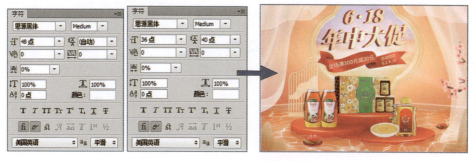

图7-33   制作全屏轮播海报

图7-34   创建文字变形

步骤 09 打开豆包网页并登录账号，在页面下方单击"图像生成"按钮█️，在对话框中输入提示词，在此输入"樱花矢量素材，单独的一枝，粉色，纯色背景"，设置比例为"4：3"，然后单击"发送"按钮●，如图7-35所示。

图7-35   输入生成图片提示词

步骤 10 在AI生成的图片中选择最合适的一张，单击"下载原图"按钮⬇下载图片，如图7-36所示。

图 7-36　单击"下载原图"按钮

步骤 11 打开"百度 AI 图片助手"页面，单击"上传图片"按钮上传生成的樱花图片，在页面右侧单击"智能抠图"按钮，然后单击"下载"按钮下载图片，如图 7-37 所示。

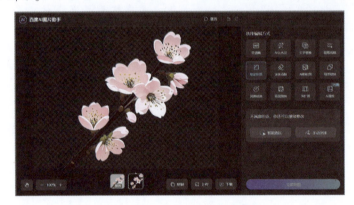

图 7-37　单击"下载"按钮

步骤 12 打开 Photoshop CS6 软件，导入抠好的樱花素材图片，并适当调整其大小和位置。单击"滤镜"|"模糊"|"高斯模糊"命令，在弹出的对话框中设置各项参数，然后单击"确定"按钮，如图 7-38 所示。

图 7-38　应用"高斯模糊"滤镜

步骤 ⑬ 导入"素材文件 \ 项目七 \6·18 蜂蜜网店首页 \10.png、11.png"，并适当调整它们的大小和位置。使用横排文字工具输入所需的文字，并在"字符"面板中设置文字属性，其中文字颜色分别为 RGB（255，229，203）和 RGB（166，70，12），如图 7-39 所示。

图 7-39　制作预售活动区

步骤 ⑭ 导入"素材文件 \ 项目七 \6·18 蜂蜜网店首页 \12.png ～ 15.png"，并适当调整它们的大小和位置。使用横排文字工具和直排文字工具输入所需的文字，并在"字符"面板中设置文字属性，使用圆角矩形工具和椭圆工具绘制修饰图形和按钮，效果如图 7-40 所示。

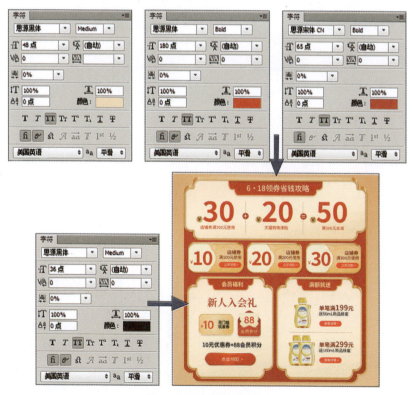

图 7-40　制作优惠券区

步骤⑮ 导入"素材文件＼项目七＼6·18蜂蜜网店首页＼16.png ～ 18.png"，并适当调整它们的大小和位置。使用横排文字工具输入标题文字和促销文字，并在"字符"面板中设置文字属性，效果如图 7-41 所示。

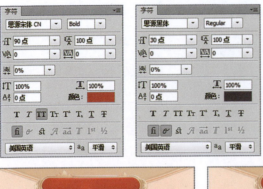
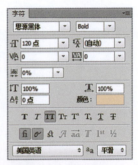

图 7-41　制作新品上市区

步骤⑯ 在"图层"面板中选择"野生秦岭 洋槐蜂蜜"文本图层，单击"添加图层样式"按钮 **fx**，选择"渐变叠加"选项，在弹出的对话框中设置各项参数，其中渐变色为 RGB（237，97，61）到 RGB（193，8，9），然后单击"确定"按钮，如图 7-42 所示。

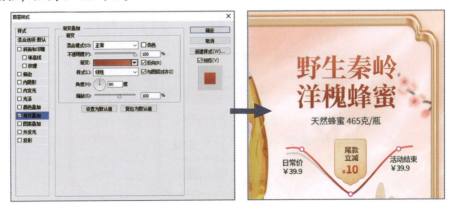

图 7-42　为文字添加图层样式

步骤 17 在"图层"面板下方单击"创建新组"按钮 ，新建"新品"图层组，将上一步制作好的新品图层放到该图层组中。按【Ctrl+J】组合键复制该图层组，更改图像及相应的文字，完成其他新品上市信息的制作，如图 7-43 所示。

图 7-43 制作其他新品上市信息

步骤 18 导入"素材文件 \ 项目七 \6·18 蜂蜜网店首页 \19.png ~ 30.png"，并适当调整它们的大小和位置。采用同样的方法，继续添加网店热卖区，并调整樱花、花瓣等修饰素材的位置和大小，效果如图 7-44 所示。

图 7-44 添加网店热卖区

项目实训："99划算节"面包网店首页设计

打开"素材文件 \ 项目七 \ 项目实训"，以面包网店商品图片为素材，设计"99 划算节"促销首页。在设计过程中，整体风格要简洁、大气，避免使用过多复杂的装饰元素。背景颜色可以选择与面包相关的暖色调，如米白色、浅黄色等，既能体现面包的温馨感，又能营造出简洁、大气的氛围，如图7-45所示。

使用横排文字工具添加文字，使用圆角矩形工具和自定形状工具绘制图标形状，然后导入商品图像和海报文字素材

导入优惠券素材，并使用横排文字工具输入文字

导入商品图像，为部分图像添加图层蒙版，控制其显示范围，使用横排文字工具输入促销文字

视频

项目实训

图7-45 "99划算节"面包网店首页

技能拓展：利用即梦AI生成C4D展台场景图

展台场景一直是各类促销海报中的核心视觉元素，在宣传设计中举足轻重。以往这类场景设计主要依赖于C4D等专业的三维建模工具，使用该类工具虽然能够制作出令人瞩目的视觉效果，但操作过程相对复杂，对设计者的专业技能有着较高的要求。现在，创作者可以借助各种AIGC工具迅速生成高质量的展台场景，极大地简化了设计流程。

视频

技能拓展

打开即梦AI网站并登录账号，在页面上方单击"图片生成"按钮，如图7-46所示。进入"图片生成"页面，在文本框中输入提示词，在此输入"电商海报背景，展台设计，柔和梦幻的，产品拍摄，C4D，室内灯光，浅蓝色和白色，超高清，超细节"，设置生图模型为"图片2.0"，精细度为10，图片比例为"16：9"，然后单击"立即生成"按钮，如图7-47所示。

图 7-46 单击"图片生成"按钮 　　 图 7-47 设置展台场景图

在生成的 4 张图片中选择合适的展台场景图，单击"下载"按钮🔽下载图片，如图 7-48 所示。

图 7-48 下载展台场景图

课后练习

利用"素材文件 \ 项目七 \ 课后练习"，设计一个国庆节零食网店的首页。要求设计简约、大气，同时要展现出时尚、活泼的感觉。在色彩运用方面，要以黄色作为整个页面的背景颜色，并将黄色作为主要设计元素贯穿于页面的各个部分，营造出欢快、热烈且富有活力的氛围，使其既能契合国庆节的喜庆氛围，又能很好地体现出零食给人带来的愉悦感，如图 7-49 所示。

图 7-49　国庆节零食网店首页

视频

课后练习

项目八
商品详情页设计

➡️ 知识目标

- 了解商品详情页设计的重要性。
- 了解商品详情页的设计思路。
- 掌握使用 AIGC 工具撰写商品详情页文案的方法。
- 掌握设计商品详情页的方法与技巧。

➡️ 能力目标

- 能够根据需要使用 AIGC 工具撰写商品详情页文案。
- 能够抓住不同商品的特点设计出别具一格的商品详情页。

➡️ 素养目标

- 培养发散思维，学会用创意提升设计品位和质量。
- 尊重消费者的知情权和选择权，提供详尽且透明的商品信息。

商品详情页是整个网店的亮点和聚焦点，通常情况下买家在网购时是看了商品详情页之后再下单购买的。一个充满设计感的商品详情页能够激发买家的消费欲望，促使其快速下单购买，由此可见商品详情页设计的重要性与必要性。本项目将详细介绍商品详情页的设计方法与技巧。

任务一　初识商品详情页及其设计思路

在网店营销中有这样一种说法：看似是在卖商品，其实是在卖意境。这句话传递的信息就是：不是告诉买家某个商品如何使用，而是说明这个商品在什么情况下使用会起到什么样的效果，营造出一种意境，由此促使买家下单。影响这种意境形成的重要因素就是商品详情页的设计。

↘ 一、认识商品详情页

商品详情页是所有网店营销的落地点。买家通过搜索商品进入网店，随后一般会进入商品详情页，商品详情页承担着让买家完成下单购买的职责。买家在购买前会对商品详情页仔细看、反复看，甚至对比看，才决定是否咨询卖家、是否最终下单。

如果商品详情页不能满足买家的需求，不能解决买家的实际问题，那么其他工作做得再好，都可能功亏一篑。因此，无论是什么类型的网店，都需要对商品详情页进行重点设计。

商品详情页主要用于展示单个商品的细节信息，它的精致程度和设计感直接影响买家对商品的认知。图8-1所示分别为某服装和箱包网店的商品详情页及其配色方案，较好地呈现了商品的各种细节。

图 8-1　某服装和箱包网店的商品详情页及其配色方案

↘ 二、商品详情页的设计思路

　　商品详情页设计得是否有足够的吸引力、是否深入人心，是影响买家是否下单的重要因素。实拍商品是最基本的要求，要让买家觉得这家网店的商品质量是完全可以信赖的。在很多时候，卖家在商品详情页的开头部分就会对商品进行详细的说明，如图8-2所示。

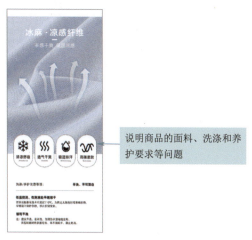

图8-2　商品详情页的开头部分

　　对于商品详情页的设计而言，商品信息的编辑与设计尤为重要。如果没有精彩的文案与精致的设计，那么再好的商品也无法打动买家的心。商品图像和商品信息通过精心的设计排版，能使商品详情页更加美观，从而更具吸引力。

　　除了展示商品本身的外观、性能等细节外，商品详情页中还可以直观地展示网店内的优惠信息，如"折扣""买一送一""搭配促销""优惠券"等，如图8-3所示。适当地添加一些附加信息可以让网店和商品的展示更加真实和完整，从而提高页面转化率。

图8-3　展示优惠打折信息

　　在商品详情页中，为了让买家更好地了解商品的实际效果，通常需要设计"使用感受""尺码标示"和"商品细节"等内容。由于对商品的不同描述需要在同一个页面中展示，所以在设计中要注意把握好页面的整体风格。在有必要的情况下，可以使用风格一致的标题栏对每组信息进行分类展示，这样买家能够一目了然地浏览信息。

图 8-4 所示为某品牌服装网店的商品详情页，其中包含了"尺码数据""尺码对照表"等大量的商品信息，通过表格的形式让商品信息更加直观。

商品的规格、颜色、尺寸、库存等虽然很容易介绍清楚，但若设计不好会显得非常死板。通过一件商品的描述可以看出整个网店的营销水平。对于商品的描述，第一部分写什么、第二部分写什么、什么时候添加文字、什么时候需要插图，都是设计者应该认真研究与分析的。图 8-5 所示为通常情况下商品详情页的信息摆放顺序。

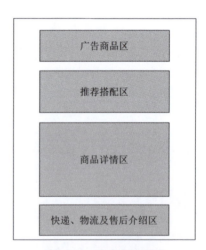

图 8-4　某品牌服装网店商品详情页　　　　图 8-5　信息摆放顺序

↘ 三、使用 AIGC 工具撰写商品详情页文案

在电商平台上，商品琳琅满目，买家的注意力是稀缺资源。具有吸引力的详情页文案能够使商品在众多竞品中脱颖而出。详情页文案可以通过独特的标题、富有感染力的语言风格或者突出的卖点来吸引买家。

例如，一款毛毯的详情页文案可以这样写："在寒冷的冬日夜晚，当您窝在沙发上，盖着这款柔软、舒适的毛毯，看着喜欢的电影，那是一种无比惬意的享受。"这种描述能够唤起买家对舒适生活的向往，使他们更愿意购买该商品。同时，文案还可以通过讲述品牌故事、展示用户评价等方式与买家建立情感共鸣，增加买家对商品的好感度。

　　商品详情页文案一般包括商品名称、商品描述、品牌故事、使用方法、物流售后承诺、用户评价等内容。

视频

使用AIGC工具
撰写商品详情页
文案

　　下面将介绍如何使用通义千问的"智能体"工具撰写一款女士真皮手提包商品详情页文案，具体操作方法如下。

步骤 **01** 打开通义千问网页并登录账号，在页面左侧单击"智能体"按钮 ，在搜索框中输入"电商文案"，然后选择热度较高的"全能商业顾问"智能体，如图8-6所示。

图8-6　选择智能体

步骤 **02** 在对话框中输入对详情页文案的具体要求，并把自身所在的行业、想要推广的商品类型说清楚，例如，"我公司属于箱包行业，最近刚上市了一款女士真皮手提包产品，打算上架淘宝网官方店铺。请你为我撰写几则商品详情页文案，要求文案风格、特征符合商品详情页的撰写要求，且言简意赅地突出产品优势和品牌特色。"单击 按钮，即可自动生成商品详情页文案，如图8-7所示。

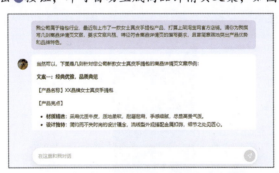

图8-7　通义千问生成的商品详情页文案

步骤 **03** 查看通义千问生成的商品详情页文案，找出需要进一步优化的地方，向通义千问智能体"全能商业顾问"提出优化要求。例如，"我觉得第三篇文案比较适合我公司的新品，但产品特点的文案内容过长，请你为我改得更精练一些。"图8-8所示为通义千问给出的优化后的商品详情页文案。

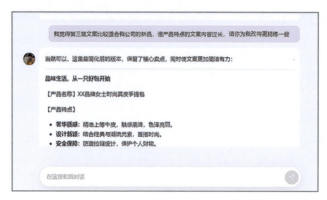

图 8-8 通义千问优化后的商品详情页文案

任务二 课堂案例：豆浆机网店商品详情页设计

本案例制作的是豆浆机网店的商品详情页。在制作过程中，利用浅米色的背景突出商品主体，同时搭配"升级大容量""一机多用""6 大程序很便捷"等相关文字信息，清晰且明确地向买家传达了该豆浆机所具备的优势与特点。整个详情页配色较为柔和，给人以简洁、现代的感觉，最终效果如图 8-9 所示。

视频

豆浆机网店商品
详情页设计

图 8-9 豆浆机网店商品详情页

↘ 一、设计理念

- 在色彩搭配上，选择以浅米色作为页面背景，用黄色块和棕色文字来修饰。
- 使用 Photoshop CS6 中的"投影"图层样式修饰圆角矩形，起到增强立体感的作用。
- 文字的编排别具一格，有让人眼前一亮的感觉，便于买家与商品产生情感上的共鸣。

↘ 二、技术要点

- 利用 AIGC 工具豆包生成商品场景图。
- 使用百度 AI 图片助手去除多余图像。
- 使用 Photoshop CS6 中的矩形工具、圆角矩形工具与直线工具绘制装饰形状。

↘ 三、实操演练

步骤 01 打开豆包网页并登录账号，在页面下方单击"图像生成"按钮🖾，在对话框中输入提示词，在此输入"商品海报，白色豆浆机，温馨的场景，厨房，画面左侧是窗户、豆浆、果汁、水果、木质托盘"，设置比例为"9：16"，然后单击"发送"按钮⬆，如图 8-10 所示。

图 8-10　输入生成图片提示词

步骤 02 在由 AI 生成的图片中选择最合适的一张，单击"擦除"按钮◪，调整画笔的大小，在豆浆机等不需要的内容上进行涂抹，然后单击"擦除所选区域"按钮，如图 8-11 所示。

步骤 03 在页面上方单击"区域重绘"按钮◪，调整画笔的大小，在图像有瑕疵的区域进行涂抹，在弹出的对话框中输入提示词"白色盘子里有一块蛋糕"，然后单击"发送"按钮⬆，如图 8-12 所示。

图 8-11　擦除多余图像

图 8-12　重绘图像

步骤 04 在页面上方单击"扩图"按钮，调整扩展框的大小，然后单击"按新尺寸生成图片"按钮，如图 8-13 所示。

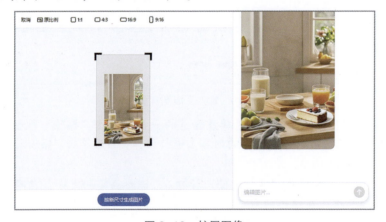

图 8-13　扩展图像

步骤 05 此时，即可看到在原有图像的基础上，场景图的尺寸和内容范围已经扩大，单击"下载原图"按钮↓下载场景图，如图 8-14 所示。

图 8-14 下载场景图

步骤 06 打开"百度 AI 图片助手"页面，单击"上传图片"按钮⊕上传场景图。单击"涂抹消除"按钮◇，调整画笔的大小，在需要消除的区域进行涂抹，然后单击"立即生成"按钮，如图 8-15 所示。

图 8-15 单击"涂抹消除"按钮

步骤 07 在页面右侧单击"变清晰"按钮⊞将场景图变清晰，然后单击"下载"按钮，如图 8-16 所示。

步骤 08 在 Photoshop CS6 中单击"文件"|"新建"命令，弹出"新建"对话框，设置图像大小为 750 像素 ×9300 像素、背景色为白色，然后单击"确定"按钮，如图 8-17 所示。

图 8-16　单击"变清晰"按钮

图 8-17　新建图像文件

步骤 09 选择矩形工具，设置填充颜色为 RGB（251，238，224），绘制一个矩形。将场景图导入图像窗口中，单击"图层"|"创建剪贴蒙版"命令，使导入的素材图像正好装入所绘制的矩形中；按【Ctrl+T】组合键调出变换框，适当调整图像的大小和位置，如图 8-18 所示。

图 8-18　制作首图背景

步骤 10 单击"图层"面板下方的"添加图层蒙版"按钮▣，使用渐变工具由上至下绘制由黑色到白色的渐变色，隐藏部分图像，然后导入"素材文件 \ 项目八 \ 豆浆机网店商品详情页 \01.png"，并适当调整其大小和位置，如图 8-19 所示。

图 8-19 添加商品素材

步骤 11 选择横排文字工具，输入所需的文字，并在"字符"面板中设置各项参数，其中文字颜色为 RGB（84，54，30），然后使用圆角矩形工具绘制一个圆角矩形，并填充颜色为 RGB（252，206，86），如图 8-20 所示。

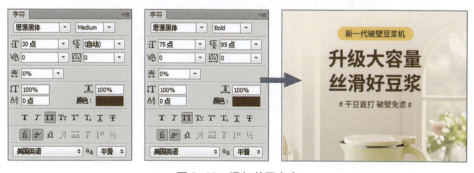

图 8-20 添加首图文字

步骤 12 使用圆角矩形工具绘制一个圆角矩形，并填充颜色为 RGB（249，241，228）。导入"素材文件 \ 项目八 \ 豆浆机网店商品详情页 \02.png"，并适当调整其大小和位置。选择横排文字工具，输入商品亮点信息，并在"字符"面板中设置各项参数，如图 8-21 所示。

步骤 13 导入"素材文件 \ 项目八 \ 豆浆机网店商品详情页 \03.jpg ～ 05.png"，并适当调整它们的大小和位置。选择横排文字工具，输入所需的文字，并在"字符"面板中设置各项参数，如图 8-22 所示。

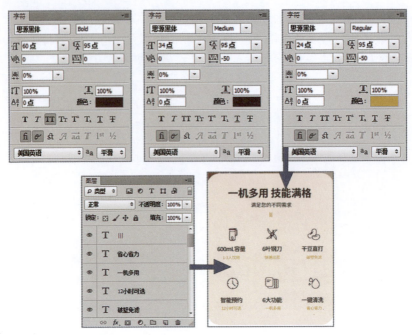

图 8-21　制作商品亮点区

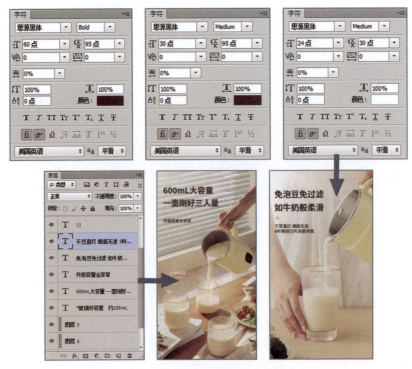

图 8-22　导入素材并添加文字

步骤⑭ 使用矩形工具和圆角矩形工具绘制图形，在"图层"面板中选择"矩形3"图层，单击"图层"|"创建剪贴蒙版"命令创建剪贴蒙版。选择"圆角矩形3"图层，单击"添加图层样式"按钮 *fx*，选择"投影"选项，在弹出的对话框中设置各项参数，其中阴影颜色为 RGB（233，220，197），然后单击"确定"按钮，如图 8-23 所示。

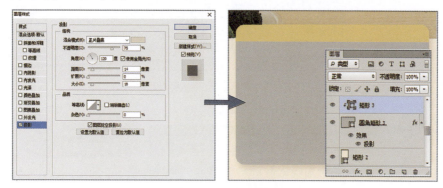

图 8-23　添加图层样式

步骤⑮ 导入"素材文件 \ 项目八 \ 豆浆机网店商品详情页 \06.jpg"，并适当调整其大小和位置。单击"图层"|"创建剪贴蒙版"命令创建剪贴蒙版。选择横排文字工具，输入所需的文字，并在"字符"面板中设置各项参数，如图 8-24所示。

图 8-24　制作商品卖点区

步骤⑯ 在"图层"面板下方单击"创建新组"按钮 ，新建"组1"图层组，将上一步制作好的商品卖点图层放到该图层组中。按【Ctrl+J】组合键复制该图层组，更改图像及相应的文字，完成其他商品卖点区的制作，效果如图 8-25所示。

步骤⑰ 导入"素材文件 \ 项目八 \ 豆浆机网店商品详情页 \09.jpg、10.png"，并适当调整它们的大小和位置。选择横排文字工具，输入所需的文字，并在"字符"面板中设置各项参数，如图 8-26 所示。

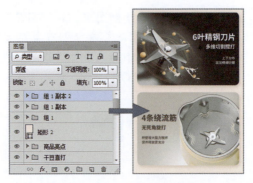

图 8-25 制作其他商品卖点区

图 8-26 制作商品功能区

步骤 **18** 选择矩形工具，设置填充颜色为 RGB（243，243，243），绘制一个矩形。导入"素材文件\项目八\豆浆机网店商品详情页\01.png"，并适当调整其大小和位置。选择横排文字工具，输入所需的文字，并在"字符"面板中设置各项参数，然后使用直线工具绘制装饰图形，如图 8-27 所示。

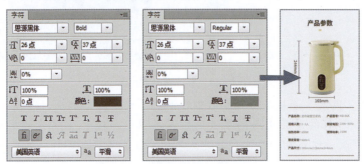

图 8-27 制作产品参数区

任务三 课堂案例：保温杯网店商品详情页设计

本案例制作的是儿童保温杯网店的商品详情页。该页面中的保温杯颜色属于鲜明且对比度高的色系，所以在设计时选用浅米色作为背景色，以此衬托出保温杯的醒目与活力。该详情页的布局从上至下依次排列，展示了保温杯的各个卖点，辅以简洁清晰、让人一目了然的文字描述，对产品的独特之处进行了阐述，如图8-28所示。

视频

保温杯网店商品
详情页设计

图8-28 保温杯网店商品详情页

↘ 一、设计理念

● 由于儿童保温杯的颜色为鲜明且对比度高的色系，所以首焦海报的颜色选择浅米色作为背景色，以此作为衬托，使商品更加突出。

● 采用错落有致的图像放置方法，让页面版式显得灵活多变，富有设计感。

● 使用矩形对每组商品细节进行分割，使买家能够更直观、更准确地了解商品信息。

↘ 二、技术要点

● 使用Photoshop CS6中的矩形工具和圆角矩形工具绘制出页面中所需的图形。

● 使用Photoshop CS6中的"投影"图层样式为海报中的图形添加投影效果。

● 使用美图设计室的"AI商品图"功能为商品更换背景。

↘ 三、实操演练

步骤 01 在Photoshop CS6中单击"文件"|"新建"命令，弹出"新建"对话框，设置图像大小为750像素×7330像素、背景色为白色，然后单击"确定"按钮。导入"素材文件\项目八\保温杯网店商品详情页\01.jpg～03.png"，并适当调整它们的大小和位置，如图8-29所示。

步骤 02 选择横排文字工具，输入所需的文字，并在"字符"面板中设置各项参数，其中文字颜色为RGB（163，92，63），然后使用直线工具绘制装饰图形，如图8-30所示。

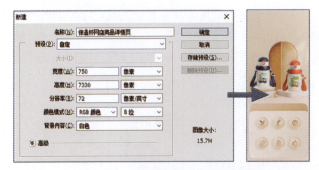

图 8-29　新建图像文件并导入素材

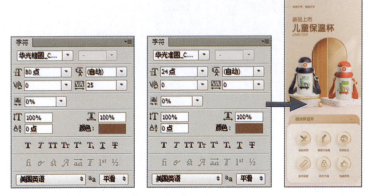

图 8-30　添加首图文字

步骤 **03** 选择矩形工具，设置填充颜色为 RGB（251，242，231），绘制一个矩形作为背景。选择圆角矩形工具，绘制两个圆角矩形。在"图层"面板中选择"圆角矩形 1"图层，单击"添加图层样式"按钮 *fx*，选择"投影"选项，在弹出的对话框中设置各项参数，其中阴影颜色为 RGB（222，185，151），然后单击"确定"按钮，如图 8-31 所示。

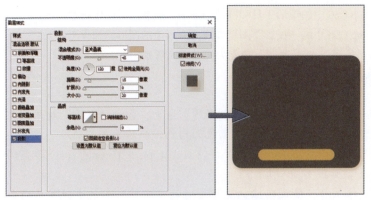

图 8-31　添加图层样式

步骤 04 打开美图设计室网站并登录账号，单击"AI商拍"分类下的"AI商品图"按钮，如图8-32所示。

图8-32 单击"AI商品图"按钮

步骤 05 进入"商品图"页面，在页面左侧设置画面比例为"1：1"，单击"上传图片"按钮，上传"素材文件\项目八\保温杯网店商品详情页\04.jpg"，在页面左侧选择合适的场景，在画布中调整商品图的大小和位置，然后单击"去生成"按钮，如图8-33所示。

图8-33 选择场景

步骤 06 选择需要的场景图，单击"下载"按钮下载图片，如图8-34所示。此时，场景图中的商品与场景较好地融合，营造出逼真的氛围感。

图 8-34　下载场景图

步骤 07 打开 Photoshop CS6，将场景图导入图像窗口中。单击"图层"|"创建剪贴蒙版"命令，使导入的素材图像正好装入所绘制的矩形中，如图 8-35 所示。

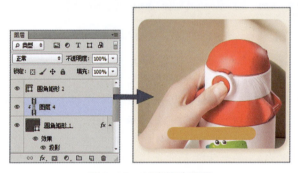

图 8-35　创建剪贴蒙版

步骤 08 选择横排文字工具，输入所需的文字，并在"字符"面板中设置各项参数。采用同样的方法，制作其他商品卖点区，效果如图 8-36 所示。

图 8-36　制作商品卖点区

步骤09 导入"素材文件\项目八\保温杯网店商品详情页\07.jpg",使用魔棒工具在图像上单击创建选区。按【Ctrl+J】组合键复制选区内的图像,导入"素材文件\项目八\保温杯网店商品详情页\08.jpg",单击"图层"|"创建剪贴蒙版"命令创建剪贴蒙版,如图8-37所示。

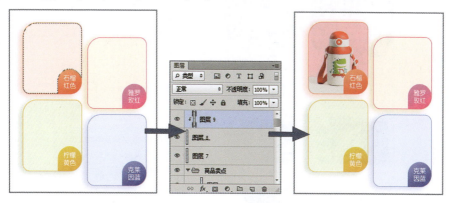

图8-37 制作商品颜色区

步骤10 采用同样的方法,添加其他商品颜色区素材。使用矩形工具和圆角矩形工具绘制商品参数区背景,然后选择横排文字工具,输入商品信息文字,并在"字符"面板中设置各项参数,如图8-38所示。

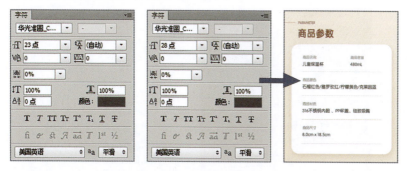

图8-38 制作商品参数区

项目实训:宁夏枸杞商品详情页设计

打开"素材文件\项目八\项目实训",以某网店的宁夏枸杞图片为素材设计网店商品详情页。除了全面地展示商品自然生长、颗粒饱满等卖点之外,商品信息也要精练,能够清晰地反映出宁夏枸杞天然、品质优的特点。整个页面以红色和棕色为主色调,不仅与枸杞的颜色相呼应,还可以给人一种健康、高品质的感觉,符合商品的高端定位,如图8-39所示。

视频

项目实训

导入商品图片和装饰素材，使用画笔工具修饰背景，然后使用横排文字工具添加文字

使用横排文字工具添加文字，导入商品图片，为其创建剪贴蒙版，控制商品的显示范围

使用矩形工具绘制矩形，并为其添加"渐变叠加"图层样式，导入商品图片，使用横排文字工具输入商品信息文字

图 8-39　宁夏枸杞商品详情页

技能拓展：利用豆包精修钻戒商品图

　　在处理需要精修的商品图片时，尤其是珠宝首饰这类对细节要求极高的商品，传统的修图人员往往需要投入大量的时间与精力对图片进行细致的处理，这包括去除产品表面的瑕疵、还原其真实光泽和塑造光影效果等。

　　而使用 AIGC 工具只需准确地输入对图片精修的具体要求，比如描述想要去除的瑕疵类型、期望达到的颜色效果、希望塑造的光影风格等详细指令，即可快速生成一幅大致符合预期的精修图片。这种方式无须创作者具备专业的图像处理技能，整个操作过程简便、快捷，大大缩短了图片精修所耗费的时间。

　　打开豆包网页并登录账号，在页面下方单击"图像生成"按钮📷，单击"参考图"按钮📷，上传一张商品图片（素材文件\项目八\技能拓展），在对话框中输入提示词，在此输入"将图中的钻戒进行精修"，单击"发送"按钮↑，如图 8-40 所示。完成精修操作后，可以看到精修后的图片中戒指的光泽更加明亮，红色宝石的颜色更加鲜艳且富有层次感，效果如图 8-41 所示。

图 8-40　上传参考图并输入提示词

视频

技能拓展

图 8-41　钻戒商品图精修前后对比

课后练习

　　利用"素材文件\项目八\课后练习"，设计一个儿童牙刷网店的商品详情页。要求能够全面展示牙刷的细节特点，如软毛材质、可爱卡通造型、防滑手柄等。同时，要包含儿童牙刷的详细参数信息，可以采用明亮的色彩搭配，如黄色、粉色、绿色等，能给人一种温馨、活泼的感觉，如图8-42所示。

图8-42　儿童牙刷网店商品详情页

项目九
商品短视频制作

➡ **知识目标**

- 了解商品短视频的作用。
- 掌握商品主图视频的制作方法。
- 掌握商品详情页视频的制作方法。

➡ **能力目标**

- 能够利用剪映专业版的"营销成片"功能生成商品主图短视频。
- 能够利用剪映专业版剪辑商品详情页短视频。

➡ **素养目标**

- 拒绝千篇一律，不被模板束缚，在作品中体现个性与创意。
- 关注媒介创新趋势，充分利用新的媒介手段实现既定目的。

目前，网店平台中的很多图文内容正在被更直观、更生动的短视频所取代。商品短视频能够让买家快速了解商品的特点、功能与品牌理念等，迅速吸引买家的兴趣，让其产生购买的意愿。本项目将通过两个实操案例详细介绍利用剪映专业版（7.5.0 版本）制作商品主图视频和商品详情页视频的方法。

任务一　商品短视频的作用

商品短视频可以帮助卖家全方位地宣传商品，它在一定程度上替代了传统的图文表达形式，虽然只有短短的十几秒或几十秒的时间，却能让买家非常直观地了解商品的基本信息和设计亮点，为买家提供多感官的商品体验，从而节约买家进行咨询的时间，有助于让买家快速下单。商品短视频的主要作用如下。

1. 增强视听刺激，激发购买欲

商品短视频以影音结合的方式，用很小的篇幅和很短的时间将商品的重要信息呈现出来，通过增强视听刺激来激发买家的购买欲，如图 9-1 所示。

图 9-1　增强视听刺激

2. 多方位、多角度地展示商品的细节特征

网店通过短视频展示商品，可以真实地再现商品的外观、使用方法和使用效果等，比单纯的图片和文字更加令人信服，能够多方位、多角度地展示商品的细节特征，如图 9-2 所示。

3. 提供贴心、专业的服务

商品短视频除了可以展示商品信息外，还可以展示商品的使用方法与注意事项等，作为售后服务的一部分提供给买家，这样既解决了买家使用商品时遇到的问题，又能让买家感觉到卖家贴心、专业的服务，从而提升买家对网店的满意度和忠诚度。

4. 提高网店商品转化率

对于网店来说，商品转化率通常是指浏览网店并产生购买行为的人数和浏览网店总人数之间的比值。作为一种重要的商品展示新形式，商品短视频能够行之有效地推广商品，达到提高商品转化率的目的。前面所述的商品短视频可以增强视听刺激，多方位、多角度地展示商品的细节特征，提供贴心、专业的服务等，其实都是为提高网店商品转化率服务的。

图 9-2　展示商品的细节特征

任务二　课堂案例：商品主图视频制作

商品主图视频是在网店主图位置所展示的短视频，以影音形式动态地呈现商品信息，能够在较短的时间内有效地提升买家对商品的认知与了解，促使其做出购买的决定。

剪映是一款由抖音有限公司开发的视频编辑工具，集成了诸多 AI 功能，包括图文成片、营销成片、AI 文案成片等。下面将以剪映专业版为例，详细介绍如何利用 AI 工具制作商品主图视频。

↘ 一、生成短视频

使用剪映专业版的"营销成片"功能时，该功能能够自动提取商品的关键信息，并据此进行后续的剪辑处理，具体操作方法如下。

步骤01 在剪映专业版的初始界面中单击"营销成片"按钮，打开"营销成片"窗口。在窗口左侧单击"导入视频"按钮，导入"素材文件\项目九\商品主图视频"中所有的视频素材，如图 9-3 所示。

步骤02 单击"手动输入"选项卡，在文本框中输入文案，然后单击"确认文案"按钮，如图 9-4 所示。

步骤03 设置"视频尺寸"为 9：16、"视频时长"为 30—60 秒，在"视频文案列表"中选中"采用"复选框，然后单击"生成视频"按钮，如图 9-5 所示。

步骤04 此时，剪映 AI 会根据视频文案对素材进行智能剪辑，并为视频包装字幕、音乐及效果等，单击"继续生成"按钮，剪映 AI 将基于已选文案生成更多相似视频，如图 9-6 所示。

图9-3　导入视频素材

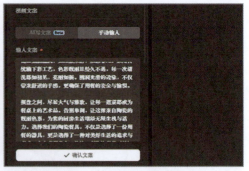

图9-4　输入文案

视频

生成短视频

图9-5　点击"生成视频"按钮

步骤05 生成结束后，根据需要选择合适的视频，然后单击"编辑"按钮，如图9-7所示。

图9-6　单击"继续生成"按钮

图9-7　单击"编辑"按钮

步骤06 进入视频编辑界面，可以看到剪映AI自动为文案添加了背景音乐、旁白音频、视频画面及字幕等。根据需要导入视频素材，调整视频片段的顺序，并删除多余的视频片段和文本片段，如图9-8所示。

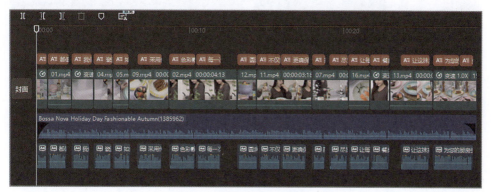

图9-8　调整视频片段的顺序

↘ 二、视频调色

下面使用剪映专业版中的"自定义调节""基础调节"和"滤镜"功能对视频素材进行调色，使画面主体更加突出，细节更加分明，具体操作方法如下。

视频

视频调色

步骤 01 在素材面板上方单击"滤镜"按钮，选择"美食"类别中的"轻食"滤镜，将其拖至时间线上，在"滤镜"面板中设置"强度"为60，如图9-9所示。

步骤 02 在素材面板上方单击"调节"按钮，选择"自定义调节"，将其拖至时间线上，在"调节"面板中设置"饱和度"为5、"亮度"为5、"对比度"为6、"阴影"为-3、"清晰"为20，如图9-10所示。

图9-9　添加"轻食"滤镜

图9-10　视频画面自定义调色

步骤 03 选中需要调色的片段，在"调节"面板中设置"亮度"为8、"对比度"为7，如图9-11所示。

步骤 04 采用同样的方法，对其他视频片段进行调色。在时间线面板中，根据需要调整调节和滤镜片段的长度，如图9-12所示。

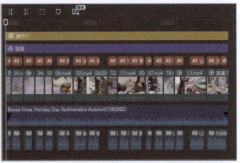

图 9-11 视频画面基础调色　　　　　图 9-12 调整调节和滤镜片段的长度

三、制作视频效果

虽然 AIGC 工具的出现使短视频制作的技术难度大幅降低，但创作者仍需保持自己的创意和个性化风格，避免过度依赖模板导致视频内容同质化。制作视频效果的具体操作方法如下。

步骤 01 在素材面板上方单击"转场"按钮，选择"叠化"类别中的"叠化"转场，将其拖至需要添加转场效果的片段间组接位置，如图 9-13 所示。

制作视频效果

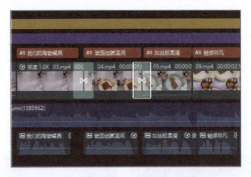

图 9-13 添加"叠化"转场

步骤 02 选中文本片段，在"文本"面板中设置"字体"为圆体、"字号"为11，然后调整文本的位置，如图 9-14 所示。

步骤 03 选中"阴影"复选框，设置"颜色"为黑色、"不透明度"为 30%、"模糊度"为 15%，如图 9-15 所示。

步骤 04 选中"背景音乐"音频片段，在"基础"面板中设置"音量"为 -14.0dB、"淡入时长""淡出时长"分别为 1.0s，如图 9-16 所示。单击"导出"按钮，即可导出商品主图视频。

图 9-14 设置文本格式

图 9-15　设置"阴影"格式

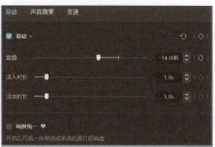

图 9-16　调整音量

任务三　课堂案例：商品详情页视频制作

在网店装修中，除了商品主图可以添加视频外，商品详情页中也可以添加视频。与主图视频的作用不同，商品详情页视频侧重于展示商品的细节、材质、用法等，对商品主图视频缺少的部分信息进行补充，呈现更完整的商品信息。下面以使用剪映专业版制作刨冰榨汁一体机商品详情页视频为例，介绍商品详情页视频的制作方法。

一、修剪视频素材

将素材导入"媒体"面板中，并按照顺序将素材添加到时间线上，然后根据背景音乐的节奏对素材进行修剪，具体操作方法如下。

步骤 01 将"素材文件 \ 项目九 \ 商品详情页视频"中的视频素材和音频素材导入"媒体"面板中，将"视频 1"片段和音频素材添加到时间线上。选中"背景音乐"音频片段，在工具栏中单击"添加音乐节拍标记"按钮，选择"踩节拍Ⅰ"选项，如图 9-17 所示。

步骤 02 选中"视频 1"片段，在"变速"面板中设置"倍数"为 1.5x，如图 9-18 所示。

图 9-17　添加节拍点

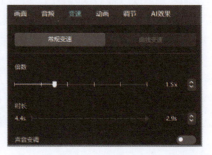

图 9-18　调整视频片段播放速度

步骤 03 拖动时间线指针到"视频 1"片段左侧要裁剪的位置，在工具栏中单击"向左裁剪"按钮，即可对"视频 1"片段的左端进行修剪，如图 9-19 所示。

步骤 **04** 拖动时间线指针至第 1 个音乐节拍点位置，单击"向右裁剪"按钮，对"视频 1"片段的右端进行修剪，如图 9-20 所示。

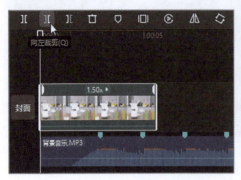

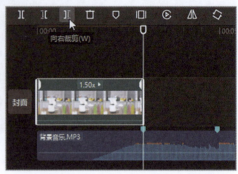

图 9-19　单击"向左裁剪"按钮　　　　图 9-20　单击"向右裁剪"按钮

步骤 **05** 采用同样的方法，依次将其他视频素材添加到时间线上，调整视频的播放速度，并根据音乐节拍点的位置对其进行修剪，然后将"视频 13"和"视频 15"片段分别拖至"视频 12"和"视频 14"片段的上方，如图 9-21 所示。

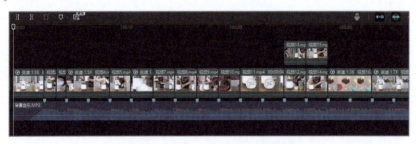

图 9-21　添加并裁剪其他视频素材

二、制作分屏画面效果

下面使用剪映专业版的"蒙版"功能制作分屏画面效果，通过分屏画面的形式，能够从不同角度、不同场景全方位地呈现商品的多种应用场景，具体操作方法如下。

步骤 **01** 选中"视频 12"片段，在"画面"面板中单击"蒙版"选项卡，选择"矩形"蒙版，设置"长"为 960、"宽"为 1080，然后在"播放器"面板中将蒙版拖至合适的位置，如图 9-22 所示。

步骤 **02** 采用同样的方法，为"视频 13"片段添加"矩形"蒙版。在"画面"面板中单击"基础"选项卡，设置"缩放"为 120%，制作出分屏画面效果，如图 9-23 所示。

步骤 **03** 采用同样的方法，为"视频 14"和"视频 15"片段添加"矩形"蒙版，并根据需要在"画面"面板中调整"缩放"参数，如图 9-24 所示。

步骤 04 在素材面板上方单击"转场"按钮⊠，选择"叠化"类别中的"叠化"转场，将其拖至"视频1"和"视频2"片段、"视频16"和"视频17"片段的组接位置，如图 9-25 所示。

图 9-22 编辑蒙版

图 9-23 制作分屏画面效果

图 9-24 添加"矩形"蒙版

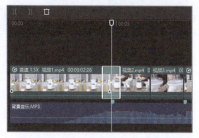

图 9-25 添加"叠化"转场

视频

制作分屏
画面效果

↘ 三、视频调色

下面对短视频进行调色，以增强短视频画面的质感，使短视频中的各个视频片段具有统一的色调，具体操作方法如下。

视频

视频调色

步骤 01 在素材面板上方单击"调节"按钮⚡，选择"自定义调节"，将其拖至时间线上，在"调节"面板中设置"亮度"为 -3、"光感"为 -3、"清晰"为 35，如图 9-26 所示。

图 9-26 视频画面自定义调色

步骤02 在素材面板上方单击"滤镜"按钮🎞，选择"室内"类别中的"安愉"滤镜，将其拖至时间线上，在"滤镜"面板中设置"强度"为60，如图9-27所示。

步骤03 将"人像"类别中的"亮肤"滤镜拖至"视频2"片段的上方，然后复制"亮肤"滤镜片段，并将其拖至"视频12"片段的上方，如图9-28所示。

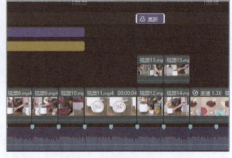

图9-27　添加"安愉"滤镜　　　　　　　图9-28　添加"亮肤"滤镜

步骤04 选中"视频10"片段，在"调节"面板中设置"亮度"为10、"对比度"为5、"高光"为5、"光感"为10，如图9-29所示。

步骤05 采用同样的方法，对其他视频片段进行调色。在时间线面板中，根据需要调整调节和滤镜片段的长度，如图9-30所示。

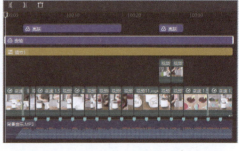

图9-29　视频画面基础调色　　　　　　图9-30　调整调节和滤镜片段的长度

↘ 四、编辑字幕

下面使用剪映专业版的"文字模板""默认文本"和"动画"等功能为短视频添加产品信息字幕，具体操作方法如下。

视频

编辑字幕

步骤01 在素材面板上方单击"文本"按钮🔤，然后在左侧选择"简约"类别，在右侧选择合适的文字模板，如图9-31所示。

步骤02 选中文本片段，在"文本"面板中修改文本内容，然后在"播放器"面板中将其拖至画面的右上角，如图9-32所示。

图 9-31　选择文字模板

图 9-32　输入文字

步骤 03 新建"默认文本"并将其拖至"视频 10"片段的上方，在"文本"面板中输入"口感细腻润滑"，设置"字号"为 22、"字间距"为 3，"缩放"为 35%，然后调整文本的位置，如图 9-33 所示。

步骤 04 选中"阴影"复选框，设置"颜色"为黑色、"不透明度"为 30%、"模糊度"为 10%、"距离"为 3，如图 9-34 所示。

图 9-33　设置文本格式

图 9-34　设置"阴影"格式

步骤 05 复制"口感细腻润滑"文本片段，在"文本"面板中修改文案为"鲜榨果汁·醇正香甜"，然后根据需要设置字体、字号等格式，如图 9-35 所示。

步骤 06 同时选中"口感细腻润滑"和"鲜榨果汁·醇正香甜"文字片段，在"动画"面板中单击"入场"选项卡，选择"右下擦开"动画，如图 9-36 所示。

图 9-35　设置文本格式

图 9-36　选择"右下擦开"动画

步骤 **07** 采用同样的方法，根据需要为其他视频片段添加合适的字幕，然后在时间线面板中调整每个文本片段的长度，如图 9-37 所示。

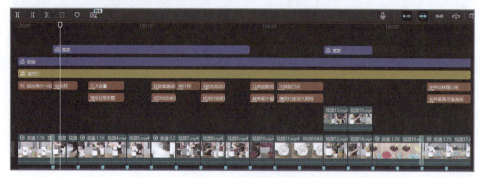

图 9-37　添加其他字幕

↘ 五、添加贴纸和特效

下面使用剪映专业版的"贴纸"和"特效"功能，为短视频增添更多趣味性与创意性元素，具体操作方法如下。

步骤 **01** 在素材面板中单击"贴纸"按钮，然后在左侧选择"指示"类别，在右侧选择合适的贴纸，如图 9-38 所示。

步骤 **02** 将贴纸拖至"视频 2"片段的上方，在"贴纸"面板中设置"缩放"为 18%，然后在"播放器"面板中调整贴纸的位置，如图 9-39 所示。

视频

添加贴纸和特效

图 9-38　选择贴纸

图 9-39　设置"缩放"参数

步骤 **03** 在素材面板上方单击"特效"按钮，选择"基础"类别中的"泡泡变焦"特效，将其添加到"视频 1"片段的上方，然后调整特效片段的长度，如图 9-40 所示。

步骤 **04** 选中"背景音乐"音频片段，在"基础"面板中设置"淡出时长"为 2.0s，如图 9-41 所示。单击"导出"按钮，即可导出商品详情页视频。

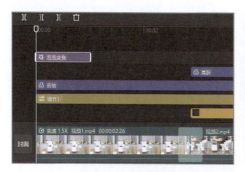

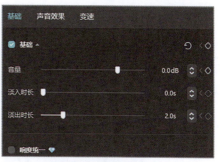

图 9-40 添加"泡泡变焦"特效   图 9-41 编辑背景音乐

项目实训：利用剪映专业版智能剪辑商品主图视频

使用剪映专业版的"营销成片"功能，导入"素材文件\项目九\项目实训"中所有的视频素材，输入产品名称、产品卖点、适用人群及优惠活动等信息，智能生成爆浆肉松小贝主图视频，效果如图 9-42 所示。

视频

项目实训

图 9-42 爆浆肉松小贝主图视频

技能拓展：利用可灵AI将图片生成视频

常用的 AIGC 视频生成工具多种多样，其中包括可灵 AI、即梦 AI、Runway、HeyGen、Luma AI、Pika 等。这些工具具备强大的功能，它们不仅支持创作者通过输入文本以及上传图像的方式来生成视频，还能实现视频内容的继续创作功能，使视频创作变得简单、高效。

打开可灵 AI 网站并登录账号，在页面上方单击"AI视频"按钮，进入"AI视频"

页面，选择"图生视频"选项卡，单击"上传"按钮，上传"素材文件＼项目九＼技能拓展"图片素材，然后在"图片创意描述"文本框中输入提示词，在此输入"一阵风吹过，叶子轻轻晃动，蝴蝶飞舞"，如图 9-43 所示。

在页面下方根据需要设置生成模式、生成时长和生成数量等参数，然后单击"立即生成"按钮，如图 9-44 所示。

图 9-43　输入图片创意描述　　　图 9-44　设置生成参数

等待 5 ~ 10min，可灵 AI 会自动将图片生成视频，单击"下载"按钮下载视频，如图 9-45 所示。

视频

技能拓展

图 9-45　下载视频

课后练习

1. 简述商品短视频的作用。

2. 打开"素材文件＼项目九＼课后练习"文件夹，将视频和音频素材导入剪映专业版中，制作一个宠物车载窝商品详情页视频，效果如图 9-46 所示。

图 9-46　宠物车载窝商品详情页视频

视频

课后练习

项目十

移动端网店装修美工设计

➡️ 知识目标

- 了解移动端网店页面的框架结构。
- 了解移动端网店图片发布尺寸要求。
- 掌握移动端网店首页的装修设计方法。
- 掌握移动端网店详情页装修设计的 FABE 原则。

➡️ 能力目标

- 能够根据移动端网店装修设计的需要设计轮播图片及优惠券。
- 能够根据需要制作商品分类导航板块及商品分类展示板块。
- 能够对移动端网店详情页进行装修设计。

➡️ 素养目标

- 坚守诚信原则，用真实的商品信息取信于用户。
- 严谨务实，培养对工作的责任意识和担当精神。

移动端网店可以看作 PC 端网店的延续，在进行网店装修时要把握"用户体验"这一关键点。移动端网店主要依附于智能手机平台，与移动端中的其他应用一样，在设计移动端网店页面时，要结合智能手机平台的特色，设计出更加注重交互体验与友好度的页面，这样才能赢得买家的喜爱，从而提高转化率。

任务一　分析移动端网店页面结构

现在移动端应用的页面设计风格普遍倾向于简洁、清爽的扁平化设计，这是因为去除冗余和繁杂的装饰元素后，移动端应用的页面会变得更加干净、整齐，可以更直接地将重要的信息展示出来，在给用户带来更好的操作体验的同时，有效地减少了认知障碍的产生。移动端网店的页面装修也应遵循这样的设计理念。下面将以手机淘宝为例，对移动端网店的页面结构进行详细介绍。

一、移动端网店页面的框架结构

移动端网店和 PC 端网店一样，也存在页面之间的跳转，以及页面结构层级关系的安排与布置问题。这里所说的页面不再是指 PC 端网店的各级网页页面，而是指存在于手机淘宝中的网店各级页面。为了便于管理，手机淘宝已经为卖家划分好了相应的网店页面框架结构，如图 10-1 所示。

移动端网店首页

移动端网店详情页

框内部分为手机淘宝自动生成的板块，将网店首页分成了"首页""宝贝""直播""晒单""会员"等固定板块，卖家只需在不同板块的区域添加对应的内容即可

"店铺""客服""收藏"图标和"加入购物车""购买"按钮是不需要卖家自己设计的，并且详情页的第一屏通常用于展示商品图片、价格、名称等信息，卖家可以不考虑这些框架结构的布置，但需要设计图片、名称等内容

图 10-1　手机淘宝网店页面框架结构

卖家虽然可以不必考虑图标、按钮等设计，也不必过多地考虑移动端网店页面的结构组成，但是需要在已有的框架结构中添加能够促进买家消费的内容。此外，根据框架结构给所添加的内容设置相应的商品或活动链接也尤为重要，否则会导致网店框架结构

变得非常混乱，不被买家所理解，甚至阻碍买家的购买进程。

点击图 10-2（a）中的轮播图片后，就会打开图 10-2（b）中的商品详情页，两者之间是对应的，为同一商品信息。只有建立了正确的对应关系，才能让买家快速且方便地找到自己所需的商品，获得更好的购物体验。

（a） （b）

图 10-2 图片对应的链接

二、移动端网店图片发布尺寸要求

为了规范设计，手机淘宝对图片的发布尺寸做出了非常明确的要求，如图 10-3 所示。

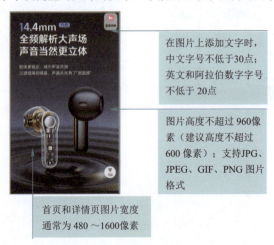

图 10-3 图片发布尺寸要求

任务二 移动端网店首页装修设计

设计移动端网店首页时，需要认真考虑放置哪些商品图片，尤其是移动端网店这种具有阅读碎片化特性的平台，放置能够吸引买家眼球的商品图片是留住买家的关键。在移动端网店中展示具有强吸引力的商品是瞬间吸引买家、进行快速转化与页面跳转的关键。

移动端网店首页装修设计的逻辑关系可以总结为图 10-4 所示的框架图。与 PC 端网店首页的装修设计方法类似，移动端网店首页同样可以根据商品、网店品牌等定位的不同采用不同的设计风格与设计方式。

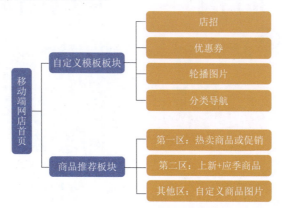

图 10-4　移动端网店首页设计框架图

受手机屏幕尺寸的限制，移动端网店页面的显示范围较窄，且在移动端浏览网店信息时，大多数买家已经习惯于纵向向下的浏览方式，因此移动端网店首页一般没有侧边栏信息条，只包括店招、分类导航、轮播图片和优惠券等，但卖家仍需对其细节进行优化设计，以吸引买家进店消费。

一、设计轮播图片

轮播图片也称焦点图，通常被放在移动端网店的首焦页面，也就是第一屏中能被买家快速看到的位置。

通常情况下，轮播图片包含网店上新活动通知、促销活动展示等内容。轮播图片的内容要简洁、文字要清晰、主次要分明，并且要能达到快速传播的目的，如图 10-5 所示。

此外，在设计时要注意控制好轮播图片的数量，以及展示的先后顺序。一般来说，2 ~ 4 张图片轮播展示较为适宜，超过 4 张图片就会占用买家过多的时间，让其失去浏览的耐心。

图 10-5　轮播图片

在设计时可以根据网店活动的重要程度或先后顺序对轮播图片的位置进行相应的调整。图10-6所示的移动端网店轮播图片中，两张都是主推商品图，因为左边的图片中展示的是新品折扣活动，所以将其放在了第一轮播图的位置。

图10-6　确定轮播图片的先后顺序

二、设计优惠券

优惠券是一种用于吸引买家注意力的重要促销手段，通常情况下会被放在网店首页的醒目位置，这样可以在第一时间引起买家的关注，并让其产生进店购买的欲望。因为每个人都希望自己所购买的商品物美价廉，所以在商品相同的情况下，参加优惠券折扣活动的商品对买家来说更具诱惑力。

在进行移动端网店的装修设计时，一般将优惠券放在店招或轮播图片的下方，并留出足够的空间，使用较为鲜明的色彩，让买家能够注意到优惠券，这样才能真正发挥其引流与促进转化的作用。

图10-7所示的优惠券设计中虽然没有使用非常鲜艳、富有刺激性的色彩，但是其修饰图案与背景色的搭配能让优惠券板块在网店首页整体的色彩环境中显得十分突出，足以引起买家的注意。

网店中的某些优惠活动可以设计成优惠券的形式。图10-8所示的网店优惠活动还设计了优惠券按钮，让买家更有互动参与感。买家在领取优惠券以后，常常会产生"有优惠券不用多可惜"的想法。如果没有获得优惠券，买家对活动的参与感就会大大降低。

在优惠券上添加"进入领取"按钮之类的视觉元素，可以在一定程度上引导买家的点击行为。相较于没有明显按钮引导的优惠券板块而言，有按钮引导时更具操作的提示感，有利于引导买家参与。

图 10-7　优惠券板块　　　　　图 10-8　网店优惠活动

↘ 三、设计商品分类导航板块

　　通常情况下，在移动端网店首页中，轮播图片与优惠券板块下方是分类导航板块。在设计这个板块时，要注意控制好图片的显示尺寸与比例，使其能够清晰与完整地展示在买家面前，起到快速导航的作用，如图 10-9 所示。

商品分类足够明显，图片加文字的组合设计让分类信息能够完整地展示在买家面前，可以让买家快速地了解网店中商品的分类情况

图 10-9　商品分类导航板块

↘ 四、设计商品分类展示板块

　　在商品分类导航板块下方是商品分类展示板块。与 PC 端网店首页类似，移动端网店首页的商品分类展示板块会被分为几个区域；与 PC 端网店有足够的空间来装饰与美化该板块不同的是，移动端网店为了迎合目标消费群体"求快、求方便"的心理，在设计上更简洁，如图 10-10 所示。

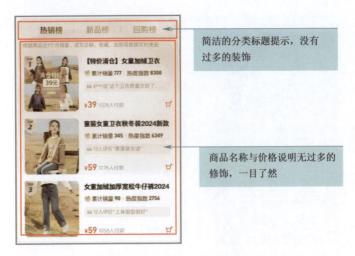

图 10-10　商品分类展示板块

　　通常情况下，移动端网店首页的商品分类展示板块会呈现以爆款或促销商品为主的商品图片，将全店爆款或非常优惠的商品图片放在第一区，以促进购买力的快速转化，如图 10-11 所示。

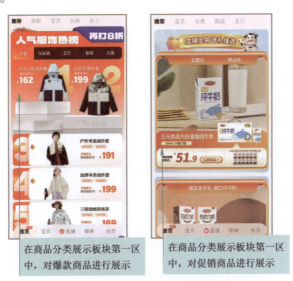

图 10-11　爆款和促销商品展示

　　移动端网店与 PC 端网店的销售对比数据表明，就上新的受欢迎程度而言，移动端网店表现优于 PC 端网店，同时其季节性营销效果更为明显。也就是说，移动端买家更关注网店新品与应季商品的发布，因此在移动端网店首页商品分类展示板块的第二区中可以对新品与换季商品进行重点展示，如图 10-12 所示。

　　除了上述的第一区与第二区以外，还有第三区、第四区……在这些区域可以根据需要放置不同的商品。在网店首页的商品分类展示板块第三区中，对店长推荐的商品进行展示（见图 10-13），如同实体店中贴有"店长推荐"标签的商品，这类商品通常属于爆款或网店中的"镇店之宝"，会对买家具有一定的吸引力。

图 10-12 新品与换季商品展示　　图 10-13 店长推荐商品展示

需要强调的是，商品分类展示板块的分区不宜过多，每一区中的商品图片也不宜过多，因为过多的分区或商品图片会导致买家长时间下拉页面，使其失去浏览的耐心，这样位于下方的分类展示便会失去存在的意义。

由于手机屏幕显示区域较窄，图片横向组合时需要让买家看清商品图片，每一行放 2 张图片最为合适。简洁、整齐的图片排列组合能让移动端的买家获得更好的浏览与购物体验。

任务三　移动端网店详情页装修设计

移动端网店详情页与 PC 端网店的商品详情页有着同样的设计思路，在借鉴 PC 端网店商品详情页设计方法的基础上，网店美工设计人员要注意迎合移动端网店的特点，控制好描述文字的大小与简洁程度，因为过小、过密的文字会让移动端买家不能很好地接收商品信息，容易造成流量的跳失。下面将详细介绍移动端网店详情页的装修设计原则与方法。

一、详情页装修的 FABE 原则

简单来说，FABE 原则是一种通过 4 个关键环节来回应买家诉求，巧妙解答买家关心的问题，从而顺利实现商品销售目标的销售模式，其 4 个关键环节如图 10-14 所示。

FABE 原则指出，针对买家不同的购买动机，将最符合买家需求与利益点的商品推荐给买家，是非常精准、有效的。在详情页的装修设计中，可以参照这样的思路让商品的描述更具诱惑力与说服力。

详情页的描述扮演着实体店中推销员的角色，过于死板的信息说明就像推销员的服务态度过于生硬一样，可能会让买家感到郁闷与生疏，使其早早关闭页面。在 FABE 原则的指引下，需要做到以下几点（见图 10-15），让详情页的描述变得更加符合网店的销售环境，以增加买家的购买动力。

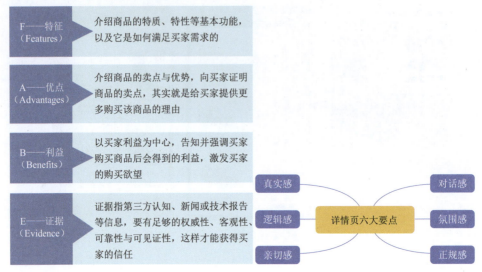

图 10-14 FABE 原则   图 10-15 详情页六大要点

1. 真实感

在实体店中，买家可以真实感受到商品，而网购时只能通过图片或视频来了解商品，所以网店需要模拟实体店的购物模式，保持商品的真实感，这样才能让买家更加放心地进行购买。同时，卖家还要保证商品的真实性，只有这样才能打造口碑，吸引回头客。

卖家在对商品特点进行介绍时，应从不同的角度展现商品的原貌，并添加细节说明，更真实、更全面地将商品呈现在买家面前，如图 10-16 所示。

图 10-16 商品细节图片展示

2. 逻辑感

在设计移动端网店详情页时，要注意描述的逻辑感。将买家最想看到的信息放置在页面顶端，以此为依据来确定详情页中信息的先后排列顺序，进而形成视觉漏斗模型中所表现的逻辑关系。

视觉漏斗模型中的逻辑关系本质上与 FABE 原则所体现的逻辑顺序相契合，即通过介绍商品的特征→介绍商品优点→介绍能给买家带来的利益点→提供能证明商品质量的证据这4个步骤，在层层说明中一步步打消买家的顾虑，增强其购买信心，最终促成下单。

总之，在进行移动端网店详情页设计时，除了需要注意描述语句的逻辑，为买家清晰、明确地介绍商品外，还要在页面布局中体现具有营销效应的描述逻辑——让买家先看到其想看的信息，吸引买家的眼球，然后添加有助于促进商品销售的各类信息，从而增强买家的购买欲望。

3. 亲切感

充满亲切感的图片设计与文字描述能够营造出一种轻松、愉快的购物氛围，拉近买家与卖家的心理距离，就像是一名温和且有耐心的推销员，其亲切的服务态度能让买家放下戒备。

4. 对话感

作为虚拟的推销员，商品描述要具有对话感，这样不仅可以解答买家的疑问，还能让其获得身临其境的购物体验，提高购买的可能性，如图 10-17 所示。

图 10-17 对话式商品描述

5. 氛围感

买家在无形之中或多或少地会有"凑热闹"的心理，当看到某件商品有很多人买便想去看个究竟，或者想跟风购买。因此，在设计移动端网店详情页时，可以通过展示真实的购买数据等内容，营造出商品热销的氛围，这样的氛围能够在一定程度上激发买家（尤其是冲动型买家）产生购买冲动。

6. 正规感

正规性与规范性可以增强买家对商品的信赖感与可靠感，因此移动端网店详情页中不能忽略认证证书等能够证明商品正规性的信息展示，如图 10-18 所示。

图 10-18 认证证书展示

二、突出商品信息

移动端网店详情页浏览的连贯性不如 PC 端网店，并且买家的页面平均停留时间很短，所以在设计移动端网店详情页时务必追求内容的简单高效、直截了当。

PC 端网店商品详情页的开端可能会出现"新品推荐""搭配套餐"等信息，但这些在移动端网店中不怎么实用。移动端网店必须在前三屏对商品的卖点和重要信息进行清晰的描述，因为过于烦琐的关联信息可能需要占用好几屏的空间，每占用一屏的空间便会让买家多一次滑动操作，这样可能会导致买家不耐烦，让其失去对商品的购买兴趣，最终造成买家流失。

例如，图 10-19 所示的移动端网店详情页中，使用两屏来展示加入会员和推荐商品，到第三屏才进入详情页，此时买家很可能已经失去了浏览的耐心，并且促销活动的文字也不够精简，无法吸引买家了解活动内容。

图 10-19　关联信息烦琐

任务四　课堂案例：家装节家具网店移动端首页设计

本案例是为某家具网店设计"家装节"活动移动端首页，页面主要以商品展示为主，通过鲜明的主题和大量的促销信息来吸引买家的注意力。同时，整个页面的设计风格简洁明快，避免了过多的复杂元素干扰买家的视线，最终效果如图 10-20 所示。

一、设计理念

● 在配色上使用蓝色作为页面背景，使用橙色作为点缀色。鲜明的配色将商品时尚、有活力的特质展现得恰到好处。

● 首焦图通过颇具设计感的标题文字布局吸引买家视线，搭配黄色的家具商品图，让买家一眼就能了解网店销售的主要商品，从而充分地展示网店信息。

● 商品展示区域通过不同的商品布局方式让页面显得协调而不单一，增强买家进一步深入了解商品的欲望。

二、技术要点

● 在 Photoshop CS6 中，通过添加图层样式对文字效果进行控制。

● 在 Photoshop CS6 中，创建剪贴蒙版，控制图像的显示区域。

● 使用美图设计室的"AI 商品图"功能生成商品场景图。

三、实操演练

步骤 01 在 Photoshop CS6 中单击"文件"|"新建"命令，弹出"新建"对话框，设置图像大小为 1200 像素 ×5340 像素、背景色为白色，然后单击"确定"按钮。设置前景色为 RGB（169，192，213），按【Alt+Delete】组合键进行颜色填充，如图 10-21 所示。

图 10-20　家装节家具网店移动端首页设计

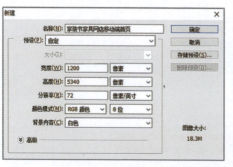

图 10-21　新建图像文件并进行颜色填充

步骤 02 打开"素材文件 \ 项目十 \ 家具网店家装节首页 \01.jpg"，将其导入图像窗口中，并适当调整其大小和位置。单击"图层"面板下方的"添加图层蒙版"按钮 ◻，使用渐变工具由下至上绘制由黑色到白色的渐变色，隐藏部分图像，如图 10-22 所示。

步骤 03 选择横排文字工具，输入所需的文字，并在"字符"面板中设置各项参数，其中文字颜色为白色和 RGB（252,64,0）。使用圆角矩形工具绘制一个圆角矩形，并填充渐变色为 RGB（250，27，0）到 RGB（254，103，0），如图 10-23 所示。

步骤 04 在"图层"面板中选中制作好的焦点图文字图层，按【Ctrl+T】组合键调出变换框，用鼠标右键单击变换框，选择"斜切"命令，调整文字的角度，如图 10-24 所示。

图 10-22　制作焦点图背景

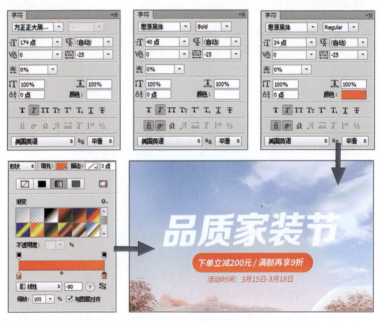

图 10-23　添加焦点图文字

图 10-24　调整文字角度

步骤 05 选择"品质家装节"文本图层，单击"添加图层样式"按钮 *fx*，选择"描边"选项，在弹出的对话框中设置各项参数，其中描边颜色为 RGB（255，146，57），然后单击"确定"按钮，如图 10-25 所示。

图 10-25　添加图层样式

步骤 06 按【Ctrl+J】组合键复制图层，得到"品质家装节 副本"图层。在"图层"面板中将其拖至"品质家装节"的下方，并在"字符"面板中设置各项参数，其中文字颜色为 RGB（251，106，29），然后适当调整文字的位置，如图 10-26 所示。

图 10-26　设置文字属性

步骤 07 双击"品质家装节 副本"文本图层，在弹出的"图层样式"对话框中设置各项参数，其中描边颜色为 RGB（251，126，30），然后单击"确定"按钮，如图 10-27 所示。

步骤 08 打开"素材文件\项目十\家具网店家装节首页\02.png、03.png"，将其导入图像窗口中，并适当调整它们的大小和位置。选择横排文字工具，输入优惠券信息，并在"字符"面板中设置各项参数，如图 10-28 所示。

步骤 09 双击"家装节优惠攻略"文本图层，在弹出的"图层样式"对话框中设置各项参数，然后单击"确定"按钮，如图 10-29 所示。

步骤 10 打开"素材文件\项目十\家具网店家装节首页\04.png～07.jpg"，将其导入图像窗口中，并适当调整它们的大小和位置。选择圆角矩形工具，绘制两个圆角矩形，复制"家装节优惠攻略"文本图层并修改文本内容，如图 10-30 所示。

步骤⑪ 打开美图设计室网站并登录账号，单击"AI商拍"分类下的"AI商品图"按钮，如图10-31所示。

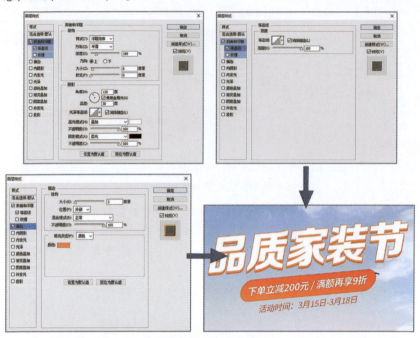

图 10-27　添加图层样式

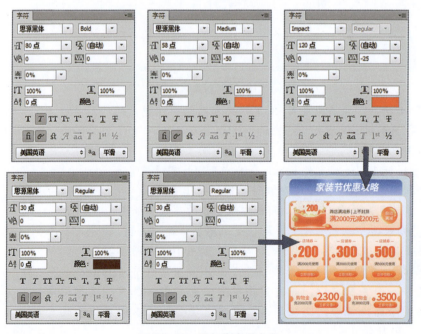

图 10-28　添加优惠券文字

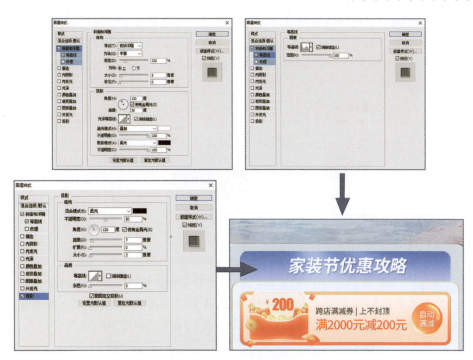

图 10-29 添加图层样式

图 10-30 添加素材并绘制图形

图 10-31 单击"AI 商品图"按钮

步骤 **12** 进入"商品图"页面，在页面左侧设置画面比例为"1：1"，单击"上传图片"按钮，上传"素材文件＼项目十＼家具网店家装节首页＼08.png"。在页面左侧选择"自定义"选项卡，在文本框中输入提示词，在此输入"沙发在客厅中央，室内场景，茶几，绿植，阳光从窗外照进来，极简主义，柔和的光影"，如图10-32所示。

图10-32 输入提示词

步骤13 在"背景风格参考"模块中，单击"上传"按钮，上传"素材文件＼项目十＼家具网店家装节首页＼09.jpg"素材，设置"生图倾向"为0.3，在画布中调整商品图的大小和位置，然后单击"去生成"按钮，如图10-33所示。

图10-33 上传参考图

步骤14 选择合适的场景图，单击"下载"按钮下载图片，如图10-34所示。如果生成的图片效果未能达到满意的程度，可以单击"再次编辑"按钮，对图片进行进一步的编辑操作。

图10-34 下载场景图

步骤⑮ 打开 Photoshop CS6 软件，导入场景图，在"图层"面板中用鼠标右键单击该图层，选择"创建剪贴蒙版"命令，适当调整图像的大小和位置，然后使用横排文字工具添加热卖商品信息，如图 10-35 所示。

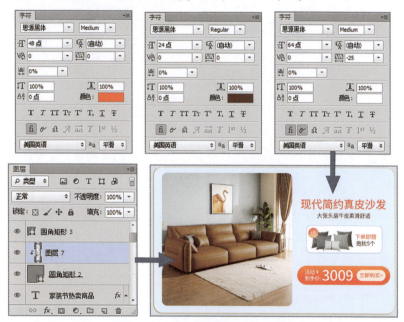

图 10-35　添加热卖商品信息

步骤⑯ 在"图层"面板下方单击"创建新组"按钮▢，新建"组 1"图层组，将上一步制作好的热卖商品图层放到该图层组中。按【Ctrl+J】组合键复制该图层组，更改相应的文字。导入"素材文件＼项目十＼家具网店家装节首页＼10.jpg、11.png"，并适当调整它们的大小和位置，完成其他热卖商品信息的制作，如图 10-36 所示。

图 10-36　制作其他热卖商品信息

步骤⑰ 采用同样的方法，继续添加两个竖版热卖商品区，导入"素材文件＼项目十＼家具网店家装节首页＼12.jpg、13.jpg"，并适当调整它们的大小和位置，如图 10-37 所示。

图 10-37　添加竖版热卖商品区

项目实训：秋日养生季食品网店移动端首页设计

打开"素材文件＼项目十＼项目实训"，利用提供的素材为某食品网店设计秋日养生季移动端首页。在设计过程中，整体风格要突出秋日的氛围，选取黄色作为主色，橘红色为辅色。首页布局应清晰、合理，需要设置轮播图片、优惠券、满额即赠和新品推荐四个板块，如图 10-38 所示。

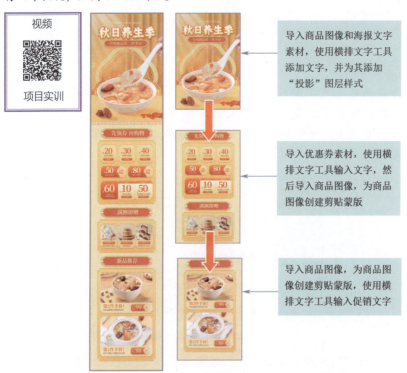

图 10-38　秋日养生季食品网店移动端首页

技能拓展：利用WeShop唯象替换模特和场景

在商品推广过程中，如果发现现有的模特或场景展示效果不理想，利用AIGC工具可以迅速对其进行调整和优化。无须重新组织拍摄等烦琐流程，只需在工具中修改相关参数，更换模特形象，调整场景氛围等，就能快速得到新的、更符合预期的展示效果。

以WeShop唯象网站为例，其"模特商店"中提供了100多个不同风格、年龄、国籍的AI模特形象，可以满足各种品牌的不同需求，无论是时尚、商务、休闲等风格的品牌，都能找到相匹配的模特。

打开WeShop唯象网页并登录账号，单击"免费试用"按钮，在打开的页面中选择"换模特 换背景"选项，如图10-39所示。进入"AI模特"页面，单击"新建任务"按钮，如图10-40所示。

图10-39　选择"换模特 换背景"选项　　图10-40　单击"新建任务"按钮

单击"上传图片"按钮，上传一张模特图（"素材文件\项目十\技能拓展"），根据需要选择合适的AI模特和商拍场景，单击"执行"按钮，如图10-41所示。生成操作完成后，可以看到此时模特和场景已成功替换，效果如图10-42所示。

视频

技能拓展

图10-41　选择AI模特和商拍场景　　图10-42　查看替换效果

课后练习

1. 在淘宝 App 上搜索家电类目排名前五的网店，分析其首页设计有何优势。

2. 举例说明 FABE 原则在移动端网店详情页设计中的具体应用。

3. 利用"素材文件＼项目十＼课后练习"，为某文具网店设计开学季移动端首页。要求整体风格清新、活泼且富有创意，能够迅速吸引学生群体以及家长们的目光。色彩搭配上应选取明亮、鲜艳的色调，如黄色、橙色、绿色等，以营造出欢快的开学氛围。页面布局需简洁明了，突出重点促销商品，效果如图 10-43 所示。

视频

课后练习

图 10-43　开学季文具网店移动端首页

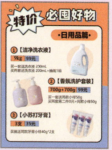

项目十一
新媒体视觉设计

➡️ **知识目标**

- 了解新媒体视觉设计的基本原则和基本要素。
- 熟知新媒体平台特性与相应的视觉需求。
- 掌握新媒体平台海报、配图排版和 H5 的设计方法。

➡️ **能力目标**

- 能够为新媒体平台海报进行视觉设计。
- 能够为新媒体平台配图进行排版设计。

➡️ **素养目标**

- 培养媒介素养，自觉维护信息生态的健康。
- 提高信息敏感度，同时保持对热点信息的理性分析。

　　在新媒体时代，视觉是受众获取信息的主要途径之一，品牌的形象塑造、商品的宣传推广等都可以通过视觉的形式进行表达。因此，通过视觉进行营销也成为企业在新媒体营销中的一大利器。本项目将详细介绍直播预告海报、小红书配图及 H5 等新媒体视觉表现形式的设计理念及实际应用案例。

任务一　认识新媒体视觉设计

如今，新媒体视觉设计已成为信息传播与交流的重要组成部分。它融合了传统视觉设计原理与现代数字技术，通过创新的视觉表现形式，有效地传达信息、激发情感、引导用户行为。新媒体视觉设计不局限于网页、移动应用页面，还涉及社交媒体、短视频、数字广告等多个领域，是连接品牌与受众的重要桥梁。

一、了解新媒体视觉设计

新媒体视觉设计是在数字化的新媒体平台上进行的创意设计，涵盖网站、社交媒体、移动应用等的相关设计。它运用色彩、图形、图像、文字、排版等视觉元素，以实现信息有效传达、品牌塑造、用户体验提升，以及与用户互动交流。

相较于传统媒体，新媒体视觉设计展现出了更强的用户参与性和互动性。它不局限于静态的展示，而是通过设计具有交互功能的页面、生动的动画效果、趣味的小游戏等，积极鼓励用户进行点击、滑动、分享等互动操作，从而极大地提升用户的参与度和体验感。

新媒体平台以其信息更新速度快而著称，这就要求新媒体视觉设计人员必须能够快速响应时事热点和瞬息万变的用户需求，及时推出新颖、独特的设计方案，以保持设计的时效性和吸引力。

除此之外，新媒体平台所涵盖的用户群体极为庞大，这些用户的兴趣爱好各不相同，其需求也是多种多样的。

因此，新媒体视觉设计必须充分考虑不同目标用户群体的特点和需求，通过个性化的设计作品，精准触达目标用户，满足他们的个性化需求。

二、新媒体视觉设计的基本原则

新媒体视觉设计虽然形式多样，但需要遵循一些基本原则，这些原则能让设计作品达到既美观又实用的效果，从而有效地传达信息，并且吸引目标受众。

1. 简洁性原则

新媒体环境下的信息量巨大，用户往往没有足够的时间和耐心仔细阅读或观看复杂的内容。因此，新媒体视觉设计应追求简洁明了，通过简单的视觉元素和直观的布局结构，帮助用户快速理解信息。

2. 一致性原则

保持设计的一致性是提升用户体验的重要手段。无论是色彩搭配、字体选择，还是布局结构，都应遵循一定的规范和标准，让用户在不同的页面或功能之间能够顺畅地切换。

3. 可读性原则

字体应易于阅读，避免使用过于花哨或过小的字体。同时，要注意字体的对比度和颜色搭配，使文字不管处于何种背景之下，都能清晰地呈现出来。例如，在白色背景上使用黑色或深蓝色的字体通常具有较好的可读性。

4. 创新性原则

为了吸引用户的注意力，新媒体视觉设计需要具备一定的创新性。通过色彩搭配、光影效果、动态元素等方面的创新，营造出引人注目的视觉效果。

↘ 三、新媒体视觉设计的基本要素

新媒体视觉设计由多个基本要素组成，这些要素相互配合，共同构成了一个完整的设计作品，掌握这些要素是进行有效设计的前提。

1. 色彩

色彩在新媒体视觉设计中极具表现力。不同的色彩能够传达不同的情感和氛围，进而影响用户的心理感受。例如，红色通常给人以热情、充满活力的感觉，蓝色则可以营造出冷静、专业的氛围。设计人员应根据设计主题和目标用户来选择合适的色彩方案，确保色彩搭配既协调又美观。

2. 字体

字体选择对于信息的传达和用户体验具有重要的影响。不同的字体可以传达不同的风格和情感，影响用户的阅读体验。设计人员应选择易读性高、与设计主题相符的字体，并进行合理的排版和大小调整，以确保文字清晰可读。

3. 图像

图像包括图片、图标、插图等，是新媒体视觉设计中重要的视觉元素。图像可以直观地传达信息，吸引用户的注意力，增强设计的表现力。设计人员应选择高质量、有吸引力的图像，并进行合理的排版和组合，以达到最佳的视觉效果。

4. 布局

合理的布局可以确保信息的层次感和逻辑性，引导用户按照设计人员的意图进行阅读和观看。设计人员应根据设计的目标和用户需求，选择合适的布局方式，确保各个元素之间的协调性和平衡感。

任务二　了解新媒体平台特性与视觉需求

新媒体平台种类丰富，各有特色。要想在新媒体环境下脱颖而出，设计人员需要深入了解不同平台的特性和用户视觉需求。

↘ 一、微信

微信是一款集社交、支付、购物、服务等多功能于一体的综合性平台，其特点是用户基数庞大，社交关系紧密，且拥有高黏性的用户群体。微信公众号和朋友圈是重要的内容传播渠道，适合进行品牌宣传、商品推广和客户服务。

在微信上进行视觉设计时，设计人员应注重简洁明了、色彩柔和的页面风格，以及合理的布局和排版。同时，可以利用微信公众号和朋友圈的社交属性进行品牌宣传和商品推广。在设计过程中，可以融入一些趣味性的元素，如表情包、抽奖等，以提升用户参与度和黏性。

↘ 二、小红书

小红书是以生活方式分享为主的社区平台，用户群体以年轻女性为主，内容涵盖美妆、时尚、旅游、美食等多个领域，其用户热衷于分享购物心得、生活体验和品牌推荐。小红书的特点是内容真实、口碑传播力强，适合商品"种草"、品牌口碑建设和用户互动。

在小红书上进行视觉设计时，设计人员应注重高质量的图片和视频展示，以及色彩鲜艳、构图精美的页面风格。例如，美妆博主的小红书笔记通常配有精美的图片和详细的商品介绍，如图 11-1 所示。同时，可以利用小红书的口碑传播优势进行商品"种草"和品牌口碑建设。在设计过程中，应注重商品细节展示和用户体验分享，以激发用户的购买欲望和口碑传播。

图 11-1　某美妆博主的品牌口红小红书笔记配图

↘ 三、微博

微博是一个以短文本、图片、视频等形式进行信息分享的社交媒体平台，其特点是信息传播速度快、覆盖范围广，且用户群体多元化。微博是公众人物、企业品牌进行信息发布、舆论引导和粉丝互动的重要渠道。

在微博上进行视觉设计时，设计人员应注重信息的时效性和互动性，以及简洁明了、色彩鲜明的页面风格。同时，可以利用微博的热门话题进行品牌推广和舆论引导。在设计过程中，设计人员要注重信息的更新速度和用户参与度，如设置话题讨论、投票互动等，以提升用户参与度和品牌影响力。

任务三　课堂案例：新媒体平台海报视觉设计

本案例是为女装网店设计直播间预告海报，在制作过程中以主播形象作为设计的核心，巧妙地融入时尚且活泼的装饰元素，以突出直播主题，并添加直播标题、促销信息及时间等关键内容，引导观众准时参与直播，最终效果如图 11-2 所示。

↘ 一、设计理念

● 在色彩搭配上，使用紫色和蓝色的渐变色背景，不仅营造出了神秘而优雅的氛围，还与海报上的白色文字、女性形象等元素形成鲜明的对比，使海报更加醒目。

● 海报上的表情、爱心、笑脸等装饰元素采用鲜艳的颜色，与背景形成了很好的呼应，使整个海报看起来更加生动、有趣。

● 海报的文字设计采用艺术化的处理方式，既传达了活动的主题和信息，又与海报的整体风格相统一。

图 11-2　直播间预告海报

↘ 二、技术要点

● 利用美图秀秀软件的"抠图"功能抠取模特图。

● 在 Photoshop CS6 中，导入背景图、爱心、笑脸等素材修饰直播间预告海报。

● 在 Photoshop CS6 中，为文字添加投影效果，使其更具设计感。

↘ 三、实操演练

步骤 01 在 Photoshop CS6 中单击"文件"|"新建"命令，弹出"新建"对话框，设置图像大小为 1200 像素 ×1920 像素、背景色为白色，然后单击"确定"按钮。导入"素材文件 \ 项目十一 \ 直播间预告海报 \01.jpg、02.png"，并适当调整它们的大小和位置，如图 11-3 所示。

步骤 02 运行美图秀秀软件，打开"素材文件 \ 项目十一 \ 直播间预告海报 \03.jpg"，在左侧工具栏中单击"抠图"按钮○，抠取模特图像，然后单击"保存"按钮保存图片，如图 11-4 所示。

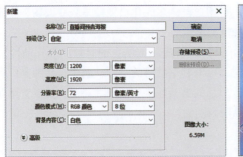

图 11-3　新建图像文件

视频

新媒体平台海报
视觉设计

图 11-4　使用抠图功能进行抠图

步骤 03 打开 Photoshop CS6 软件，将抠好的模特素材导入图像窗口中，并适当
调整其大小和位置。选择矩形选框工具，在多余的图像上绘制一个矩形选区，
按【Delete】键删除选区内的图像，如图 11-5 所示。

图 11-5　删除选区内图像

步骤 04 使用横排文字工具输入所需的文字，并在"字符"面板中设置文字属性，
其中文字颜色为白色和 RGB（11，107，249），然后使用矩形工具和圆角矩形
工具绘制修饰形状，如图 11-6 所示。

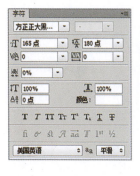

图 11-6　添加文字并绘制修饰图形

步骤 05 在"图层"面板中选中"年中大促 直播福利"文本图层，单击"图层"|"图层样式"|"投影"命令，在弹出的"图层样式"对话框中设置各项参数，其中投影颜色为 RGB（55，89，246），然后单击"确定"按钮，如图 11-7 所示。

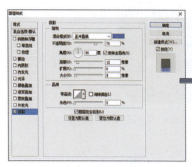

图 11-7　添加图层样式

步骤 06 导入"素材文件 \ 项目十一 \ 直播间预告海报 \04.png ~ 11.png"，并适当调整它们的大小和位置。使用横排文字工具输入所需的文字，并在"字符"面板中设置文字属性，其中文字颜色为 RGB（249，99，176）和 RGB（11，111，228），如图 11-8 所示。

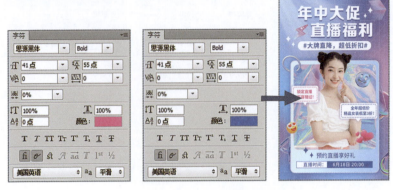

图 11-8　导入素材并添加文字

任务四　课堂案例：新媒体平台配图排版设计

本案例是为某品牌彩妆商品设计小红书配图。在布局上，采用了上下排列的方式，将商品图片、文字描述和价格信息巧妙结合。这样的布局使得整个图片既具有视觉冲击力，又能清晰地展示商品信息，以直观且吸引人的方式展示3款彩妆商品的特点和优势，最终效果如图11-9所示。

视频

新媒体平台配图
排版设计

图 11-9　彩妆推荐小红书配图

↘ 一、设计理念

● 在色彩搭配上，以绿色作为主色调，与商品图片之间形成鲜明的对比效果，使商品在视觉上更加突出。

● 巧妙地添加箭头、花朵和爆炸贴等装饰元素，不仅可以提升海报的趣味性，还能营造出一种温馨、愉悦的氛围，进一步增强整个图片的吸引力。

● 采用上下排列的方式，将3款商品依次展示在配图上。每个商品旁边都附带详细的文字描述和价格信息，方便消费者快速了解商品的特点和价格。

↘ 二、技术要点

● 利用 Photoshop CS6 中的钢笔工具绘制不规则图形。
● 输入文字并进行排版，使其更有设计感。
● 利用 Photoshop CS6 中的图层蒙版对图像的显示进行控制。

↘ 三、实操演练

步骤 01 在 Photoshop CS6 中单击"文件"|"新建"命令，弹出"新建"对话框，设置图像大小为 1242 像素 ×1660 像素、背景色为白色，然后单击"确定"按钮。设置前景色为 RGB（255，244，226），按【Alt+Delete】组合键填充"背景"图层，如图 11-10 所示。

图 11-10　新建图像文件

步骤 02 单击"图层"面板下方的"创建新图层"按钮，得到"图层 1"。使用钢笔工具绘制一个不规则图形，填充颜色为 RGB（94，174，105）。采用同样的方法继续绘制图形，并填充颜色为 RGB（185，220，242），如图 11-11 所示。

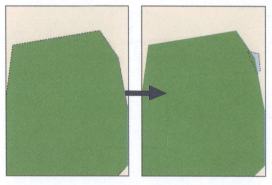

图 11-11　绘制图形

步骤 03 使用矩形工具绘制一个黑色矩形，然后使用多边形套索工具在矩形左上角绘制一个选区，按住【Alt】键的同时单击"图层"面板下方的"添加图层蒙版"按钮，隐藏部分图像，如图 11-12 所示。

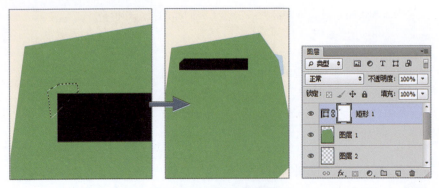

图 11-12 编辑图层蒙版

步骤 **04** 导入"素材文件 \ 项目十一 \ 彩妆推荐小红书配图 \01.png、02.png"，并适当调整它们的大小和位置。使用横排文字工具输入商品信息文字，并在"字符"面板中设置文字属性，然后按【Ctrl+T】组合键调出变换框，适当调整矩形和文字的角度，如图 11-13 所示。

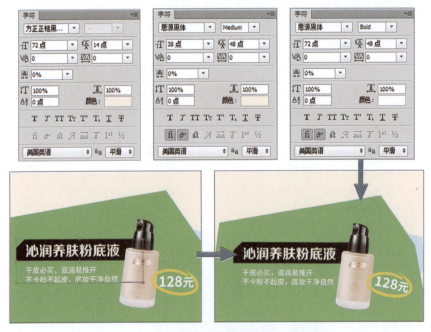

图 11-13 导入素材并添加商品信息文字

步骤 **05** 双击"图层 3"，打开"图层样式"对话框，选择"描边"选项，在"描边"选项组中设置各项参数，然后单击"确定"按钮，如图 11-14 所示。

步骤 **06** 在"图层"面板下方单击"创建新组"按钮▢，新建"组 1"图层组，将上一步制作好的商品及商品信息图层放到该图层组中。按【Ctrl+J】组合键复制该图层组，更改图像及相应的文字，并适当调整它们的位置，完成其他商品信息的制作，如图 11-15 所示。

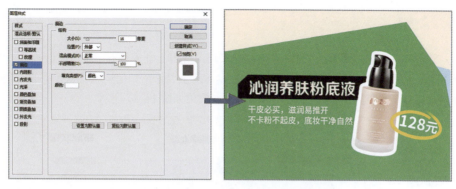

图 11-14 设置"描边"图层样式

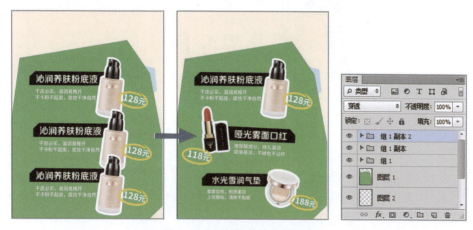

图 11-15 制作其他商品信息

步骤 07 使用横排文字工具输入标题文字,并在"字符"面板中设置文字属性。导入"素材文件 \ 项目十一 \ 彩妆推荐小红书配图 \05.png ~ 12.png",添加其他修饰素材,并适当调整它们的大小和位置,效果如图 11-16 所示。

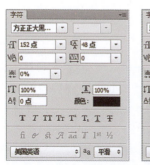

图 11-16 添加标题文字和修饰素材

任务五　课堂案例：女装新品上市 H5 设计

　　易企秀是一款功能强大的 H5 页面设计工具，可用于电子贺卡、微信促销活动、微型杂志、邀请函和音乐相册等内容的制作。本案例主要介绍如何运用易企秀中的 H5 模板，为某品牌女装新品上市活动制作 H5 页面，效果如图 11-17 所示。

视频

女装新品上市
H5设计

图 11-17　女装新品上市 H5

↘ 一、设计理念

- 在色彩搭配上，以绿色和黄色搭配为主，增强了色彩的层次感。
- 以圆角矩形作为修饰元素，对商品进行合理的归类和描述，使整个页面简洁大气、一目了然。
- 整体布局简洁明了，采用较为常见的上下结构，上方突出页面主题，下方展示具体的商品特点和优惠信息，使用户能够快速获取关键信息，提升页面的可读性和易用性。

↘ 二、技术要点

- 利用美图秀秀软件的"抠图"功能抠取模特图。
- 使用易企秀中的"动画"功能制作更加生动、有趣和富有创意的页面效果。
- 在易企秀中的"图层管理"面板中调整图片在页面中的层叠顺序。

↘ 三、实操演练

步骤 01　运行美图秀秀软件，打开"素材文件＼项目十一＼直播间预告海报＼03.jpg"，在左侧工具栏中单击"抠图"按钮◎，展开"自动选择"选项，单击"人像宠物"按钮，抠取模特图像，然后单击"保存"按钮保存图片，如图 11-18 所示。

步骤 02　打开"易企秀"网站并登录账号，在页面左侧选择"H5"选项，然后选择合适的模板，如图 11-19 所示。

图 11-18　使用抠图功能进行抠图

图 11-19　选择模板

步骤 03 在打开的页面中预览 H5 模板效果,选择"非商业"选项卡,然后单击"免费制作"按钮,如图 11-20 所示。

图 11-20　单击"免费制作"按钮

步骤 04 进入易企秀 H5 编辑器页面,中间区域为编辑区,左侧为模板和素材区,上方为组件栏,右侧为工具栏和页面管理区域。单击"我的"按钮,然后单击"我上传的素材"选项卡下的"本地上传"按钮,如图 11-21 所示。

步骤 05 导入"素材文件 \ 项目十一 \ 女装新品上市 H5"中的所有素材,在"页面管理"面板中选择"封面"页面,删除模特图,然后修改标题等文本内容,如图 11-22 所示。

图 11-21　单击"本地上传"按钮

图 11-22　删除图片并修改标题文本

步骤 **06** 导入抠好的模特图，并调整为合适的大小。在"组件设置"面板中单击"裁切"按钮，在弹出的"图片裁切"对话框中调整裁剪框的大小，然后单击"确定"按钮，如图 11-23 所示。

图 11-23　裁切图片

步骤 07 在"图层管理"面板中调整模特图在页面中的层叠顺序，使"图片12"位于"新文本2"下层。在"组件设置"面板中选择"动画"选项卡，设置动画1为"向上移入"动画、"时间"为 1.5s、"延迟"为 0.5s，如图 11-24 所示。

图 11-24　设置动画效果

步骤 08 在"页面管理"面板中选择"新品"页面，选中模特图，然后在"组件设置"面板中选择"样式"选项卡，单击"换图"按钮，弹出"图片库"对话框，单击"我的图片"按钮，选择右侧的图片进行替换，如图 11-25 所示。

图 11-25　选择图片进行替换

步骤 09 采用同样的方法替换其他模特图和场景图，并根据需要修改文本内容，如图 11-26 所示。

步骤 10 在"页面管理"面板中单击"删除当前页面"按钮，删除不需要的页面。单击页面右上方的"预览和设置"按钮，在弹出的"分享设置"面板中进行设置，更换封面、输入标题和描述等，然后单击"去修改"按钮，如图 11-27 所示。

步骤 11 在弹出的"翻页动画设置"面板中选择"交换"选项，在页面右上方单击"应用到全部页面"按钮，然后单击"保存"按钮，如图 11-28 所示。返回"分享设置"面板，单击"发布"按钮，在打开的页面中稍等片刻，等审核完毕后即可成功发布 H5。

图 11-26　替换素材并修改文本

图 11-27　分享设置

图 11-28　翻页动画设置

项目实训：特价日用品小红书配图设计

　　打开"素材文件 \ 项目十一 \ 项目实训"，利用提供的素材为特价日用品设计小红书配图。此配图采用三分法布局，把 3 种商品分别置在不同区域，从而避免信息出现混乱和重叠的情况。在整体色调选取上，以橙色、蓝色为主，浅米色为辅，通过这样的色彩搭配，营造出一个既能吸引眼球又让人感觉舒适的视觉环境，与特价日用品的促销氛围相得益彰，如图 11-29 所示。

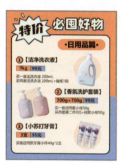

视频

项目实训

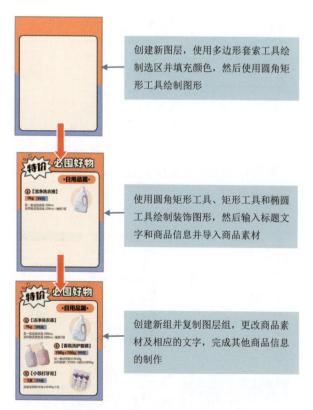

创建新图层，使用多边形套索工具绘制选区并填充颜色，然后使用圆角矩形工具绘制图形

使用圆角矩形工具、矩形工具和椭圆工具绘制装饰图形，然后输入标题文字和商品信息并导入商品素材

创建新组并复制图层组，更改商品素材及相应的文字，完成其他商品信息的制作

图 11-29　特价日用品小红书配图

技能拓展：利用创可贴智能设计小红书图文封面

创客贴平台内置的"智能设计"功能相当便捷、实用，在新媒体设计领域的表现尤为突出。创作者只需通过输入文字描述，如主标题、副标题等，其AI智能设计系统即可快速生成一系列符合需求的设计方案。

打开创客贴网站并登录账号，单击页面左侧的"智能设计"按钮△i，如图11-30所示。进入"AI智能设计"页面，选择"小红书"分类下的"小红书图文封面"选项，如图11-31所示。

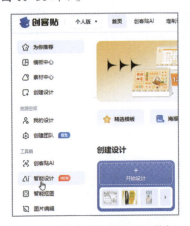

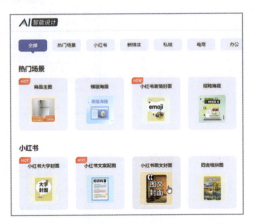

图 11-30　单击"智能设计"按钮　　　　图 11-31　选择"小红书图文封面"选项

在打开的页面中单击"上传图片"按钮 ，上传模特图（"素材文件 \ 项目十一 \ 技能拓展"），输入小红书图文封面的主标题、副标题，单击"智能生成设计"按钮，在页面右侧选择需要的模板，然后单击"编辑"按钮，如图11-32所示。

视频

技能拓展

图 11-32　选择封面模板

进入"编辑"页面，根据需要修改文字内容，然后单击"下载"按钮，即可下载小红书图文封面，如图 11-33 所示。

图 11-33　修改文字内容

课后练习

1. 简述新媒体视觉设计的基本原则。
2. 简述新媒体平台特性与视觉需求。
3. 利用"素材文件 \ 项目十一 \ 课后练习"，为男装网店设计直播预告海报。要求设计风格简约、大气且富有潮流感，以玫红色和白色作为主色调，搭配少量的黄色和绿色作为点缀，以增强整体的层次感和时尚度。海报需要清晰展示直播的具体时间和直播间专属的优惠信息，所有文字信息字体清晰、易读，如图 11-34 所示。

视频

课后练习

图 11-34　男装网店直播预告海报